Character Flowers

もらってうれしい キャラフラワー

山本 恵

講談社

贈る人、もらう人、つくる人…みんながハッピー

「めぐみこ」の祝い花

　今、日本で一番お祝いの花を贈っているのは、アイドルを応援している男子だと思います。彼らは花束に飽き足らず、どうしたら彼女たちに一番喜んでもらえるのか、どんな花をもらうとうれしいのか、日々趣向を凝らし、オンリーワンの花を探し求めていました。そして、「めぐみこ」と出合い、「キャラフラワー」が生まれました。

　それまで誰にも花を贈ったことがなかった男子が、ある日応援するアイドルにお祝いのキャラフラワーを贈ったところ、とても喜んでもらえたのです。「花を贈るだけで、相手も自分もこんなに幸せな気分になるなんて!!」。気がついたら、花屋さんに通って花を選ぶことに幸せを感じるようになったそうです。

　キャラフラワーを贈ったり飾ったりする機会は、アイドルのためだけではありません。ウエディングや誕生日、入学式、卒業式、バレンタインなどの記念日や行事から、ビジネスでは開店祝いや昇進祝いなど、そして普段の生活の中でも楽しむことができます。

　今回、今までつくった作品の中から、特徴的なものやかわいいもの、簡単なもの、他にはないものを選んでみました。さらに、キャラフラワーの詳細なつくり方も解説しましたので、本書が、キャラフラワーを贈りたい人、もらいたい人、つくりたい人の参考になれば幸いです。

2019年1月

山本 恵

わんこ（シュナウザー）

はじめて「めぐみこ」でつくった本格的な立体キャラフラワー。もさもさ感が面白い作品で、胴体は小さくつくります。立体はむずかしいので、モデルがあれば、写真やイラストを見ながら挿すとよいでしょう。つくり方⇒P.46

キャラフラワーとアイドルの衣装をモチーフにした作品とのセット。

Contents

もらってうれしい キャラフラワー

「めぐみこ」の祝い花
贈る人、もらう人、つくる人…みんながハッピー …… 02
わんこ（シュナウザー） …… 03　46

Chapter 01　魅力いっぱい 花でつくるキャラクター …… 06

M字のにゃんこ …… 06　92
オレンジのテディ・ベア …… 07　40
黄色のプードル …… 07　20
パープルのニコちゃんマーク …… 08　26
厚焼き卵のキャラフラワー …… 08　26
ピンクのドクロ …… 09　27
コアラのキャラフラワー …… 09　30
雪だるまのキャラフラワー …… 09　27
ペコちゃんのキャラスタンド …… 10　67
キューピーのキャラスタンド …… 10　31
カッパのキャラスタンドⅠ …… 11　85
天使のキャラスタンド …… 11　86
ストロベリーのペアキャラスタンド …… 12　86
カッパのキャラスタンドⅡ …… 13　85
73分けの女の子のキャラスタンド …… 13　87

Chapter 02　インパクト抜群! 衣装の祝い花 …… 14

144本の赤いバラのコスプレスタンド …… 14　88
青のコスプレスタンド …… 15　88
赤と青のコスプレスタンド …… 15　89
ロマンチックなコスプレスタンド …… 15　90
200輪のコチョウランのカクテルドレススタンド …… 16　90
マーメイドのコスプレスタンド …… 16　91
紫のバラのコスプレスタンド …… 17　91

Chapter 03　キャラフラワーの基本、「プードル」にチャレンジ! …… 18

How To Make キャラフラワー①
カーネーションでつくる黄色のプードル …… 20

Chapter 04　かわいい アニマル・キャラフラワー …… 28

ヒツジのキャラフラワー …… 28　30
子ネコがいっぱい …… 29　31
クマのステッキブーケ …… 32　35
ピンクの子ブタさん …… 32　34
白クマさん …… 32　34
わんこのキャラフラワー …… 33　47
パンダのキャラフラワー …… 33　87
トイプードルのキャラスタンド …… 36　38
ピンクのイルカちゃん …… 37　38
金のしゃちほこのキャラフラワー …… 37　39

How To Make キャラフラワー②
プリザーブドフラワーでつくるオレンジの テディ・ベア …… 40

Chapter 05　みんなハートマークが 大好き! …… 48

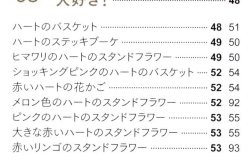

ハートのバスケット …… 48　51
ハートのステッキブーケ …… 49　50
ヒマワリのハートのスタンドフラワー …… 49　50
ショッキングピンクのハートのバスケット …… 52　54
赤いハートの花かご …… 52　54
メロン色のハートのスタンドフラワー …… 52　92
ピンクのハートのスタンドフラワー …… 53　55
大きな赤いハートのスタンドフラワー …… 53　55
赤いリンゴのスタンドフラワー …… 53　93

How To Make キャラフラワー③
カーネーションでつくるハートのスタンド …… 56

※細字は、作品のつくり方のページです。

Chapter 06 おいしそうなお菓子のキャラフラワー …… 60

イチゴのフラワーショートケーキ ……	60	62
花とフルーツのフラワータルト ……	61	62
フルーツたくさんのフラワーケーキ ……	61	63
ベリーベリーのフラワータルト ……	61	63
ミントアイスのスタンドフラワー ……	64	66
4つのフラワーパフェ ……	65	66
プリザーブドフラワーの三色団子 ……	65	67

Chapter 07 ウエディングでも人気の花冠 …… 68

マイ・フェア・レディの花冠 ……	68	70
マイ・フェア・レディのブーケ ……	68	71
レースを使った花冠 ……	72	74
妖精のカチューシャ ……	73	74
妖精のステッキブーケ ……	73	75
天使の花冠 ……	73	75
すみれ色の花冠 ……	76	79
サクラのお姫様の花冠 ……	76	78
人気のピンクの花冠 ……	76	79
アーティフィシャルフラワーのリースブーケ ……	77	94
アシンメトリーな花冠 ……	77	93

How To Make キャラフラワー④
アーティフィシャルフラワーでつくる花冠 …… 80

カーネーションの染め方 ……	35
カーネーションの水揚げ ……	51
キャラフラワーを贈るには ……	95
あとがき ……	95

●本書をお使いになる前に

この本では、「めぐみこ」が制作したキャラフラワーの作品とつくり方を紹介しています。
花材や資材は、季節やメーカーの事情などにより、入手できない場合があります。

◇難易度　作品のおよそのレベルです。

★☆☆＝やさしい　ワイヤリングができれば、つくれます

★★☆＝少しむずかしい　一定以上の経験やテクニックが必要です

★★★＝むずかしい　経験やテクニックの他。時間や費用がかかります

◇花材
作品で使用している花材を紹介しています。
生花、アーティフィシャルフラワー（アート）、プリザーブドフラワー（プリザ）別に記載しています。季節、メーカーの都合などにより、入手できない場合があります。

◇資材
作品で使用している資材を紹介しています。メーカーの都合などにより、入手できない場合があります。

◇大きさ
立体作品、ステッキブーケは縦×横×奥行きの順、平面の作品は縦×横の順、花冠は長さのみを、いずれもcmで記しています。

◇制作費
花店などに依頼した場合のおおよその参考価格です。季節、地域、花店で花材費や技術料が異なるので、目安として考えてください。

A＝～5000円
B＝5000～10,000円
C＝10,000～30,000円
D＝30,000～50,000円
E＝50,000円以上

Chapter 01

魅力いっぱい 花でつくるキャラクター

キャラフラワーは、オンリーワンの作品になります。
インパクトのある、ちょっと違った花を贈りたい時に最適です。

M字のにゃんこ

ひたいのM字のような毛並みが特徴のネコ。ちょこんと座っているようでかわいい。つくり方⇒P.92

「めぐみこ」のキャラフラワーを見ると、多くの人が、「花でこんなことができるんだ!」とびっくりされます。

はじまりは、アイドルファンの男子(だんし)が、アイドルが飼っていたシュナウザーを花にして贈りたいと相談されたことからでした。悩みましたが、考えてみれば、花業界では以前から花でプードルをつくっていました。プードルがつくれるのなら、他のキャラクターもつくれるのではないかと思い、挑戦してみたら、アイドルと依頼主に喜んでもらえる作品ができました。

花を素材と考えれば、工夫次第でほとんどのキャラクターを花で表現することができます。

花だけでもうれしいのに、動物やアニメ、自分で考えたキャラクターが花でつくった作品になったら、贈るほうも贈られるほうも、とてもハッピーになります。

オレンジのテディ・ベア
ぬいぐるみのように丸っぽくつくるとかわいくなります。背中にも表情をつけましょう。つくり方⇒P.40

黄色のプードル
キャラフラワー入門用の作品。昔から定番になっています。つくり方⇒P.20

パープルのニコちゃんマーク

ニコちゃんマークは、立体にしても制作が比較的簡単。一般には黄色だが、どんな色でも違和感がない。つくり方⇒P.26

厚焼き卵のキャラフラワー

食べ物も顔をつけるとかわいい。頭には渦巻き。おいしそうにつくりました。つくり方⇒P.26

ピンクのドクロ

かわいいドクロです。下部のあごにあたるところはカーネーションを2段挿し、頭を丸くつくっています。つくり方⇒P.27

コアラのキャラフラワー

平面のコアラ。平面の作品は挿すだけなので簡単につくれます。つくり方⇒P.30

雪だるまのキャラフラワー

身近なものを利用して、本物の雪だるまをつくるように挿します。つくり方⇒P.27

ペコちゃんのキャラスタンド

ペコちゃんは、大人から子どもまで知っている人気のイメージマスコット。服は市販品。つくり方⇒ P.67

キューピーのキャラスタンド

目をくりくりにしてかわいくつくったキューピーのキャラクター。とさかのような髪の毛と顔の凸凹が特徴。つくり方⇒ P.31

天使のキャラスタンド

天使をかわいくスタンドフラワーに。小物が多い分、難易度アップ！ つくり方⇒ P.86

カッパのキャラスタンド I

キュウリ好きアイドルのための、インパクトが強い作品です。つくり方⇒ P.85

ストロベリーの ペアキャラスタンド

イチゴのモチーフで、花の使用を控えめにした。イチゴの顔はバルーン、衣装は布で手づくり。つくり方⇒ P.86

7 3分けの女の子の キャラスタンド

「7☆3」というグループに贈られた女の子のキャラスタンド。つくり方⇒P.87

カッパのキャラスタンド Ⅱ

カッパのキャラスタンドⅠと同じシリーズ。顔の色、服装部分を変更。つくり方⇒P.85

Chapter 02 インパクト抜群！衣装の祝い花

アイドルの衣装などをスタンドフラワーで表現しました。
ウエディングなどにも応用できます。

衣装の作品は、アイドルならではで、少し特殊かもしれません。とはいえ、インパクトは抜群です。アイドルの衣装を花で表現するのですが、衣装部分を花でつくる場合と、布でつくって花で飾る場合があります。

衣装部分を花でつくる作品は、吸水フォームで骨格をつくり、花を挿すことが多く、花の作品として美しくなります。ただし、花ですべてを表現するにはむりがあるので、ベルト部分などシャープな線が必要なところは、布やリボンなどを使っています。

衣装部分を布でつくって花で飾る作品は、衣装部分も手づくりです。作品としてはやや単純ですが、「衣装部分を花でつくる作品」よりも安価にスタンドフラワーを大きくつくれるのがメリットです。

いずれの場合も、見栄えのよい作品にするポイントは、布やリボンの質を吟味することで、ボタンやベルトなども実物に似たものを使い、細部にこだわるようにしています。

144本の赤いバラのコスプレスタンド

144本のバラを使ったスタンドフラワー。赤いピンヒールにはスワロフスキーがちりばめられています。つくり方⇒P.88

赤と青のコスプレスタンド

アイドルの衣装に似せてつくりました。パネルで袖をつくって花を貼っています。つくり方⇒ P.89

青のコスプレスタンド

衣装全体を花でつくると、花の数が多く手間もかかりますが、質感がUPします。つくり方⇒ P.88

ロマンチックなコスプレスタンド

アイドルのロマンチックな衣装を花で表現した作品。衣装と花の融合が楽しい。つくり方⇒ P.90

200輪のコチョウランの コスプレスタンド

気品があふれ美しい、コチョウランのドレスです。200輪のコチョウランを使っています。つくり方⇒P.90

マーメイドのコスプレスタンド

人魚をイメージし、オーシャンブルーでまとめたスタンドの作品。人魚のうろこに見える光る布を使用しています。つくり方⇒P.91

紫のバラのコスプレスタンド

オランダで染色してもらったバラを使っています。つくり方⇒P.91

Chapter 03
キャラフラワーの基本、「プードル」にチャレンジ！

キャラフラワーの基本は、プードルです。
はじめての人は、まずプードルからチャレンジしてみましょう。

　キャラフラワーに限らず、フラワーデザインで大切なことは、事前の準備をしっかりしておくことです。特にキャラフラワーは、モデルとなるキャラクターがあるので、写真やイラストなどの資料をそろえ、デザイン画を起こし、花材や資材を決めておきましょう。
　テクニック的には、むずかしいことはあまりありません。ワイヤリングのピアスメソード程度です。プードル（P.20）とテディ・ベア（P.40）がつくれれば、ある程度その応用でつくれます。とはいえ、キャラフラワーはオンリーワンの世界なので、花ではうまく表現できないところなどは、花以外の資材を利用してもよいでしょう。

主な花材

① **生花**…水揚げしておく。動物の尾や足をつくる時や茎が柔らかいものなどはワイヤリングする。

② **プリザーブドフラワー（プリザ）**…茎がないので、ワイヤリングして挿したり留めたりする。花びらをばらすこともある。水気は厳禁。

③ **アーティフィシャルフラワー（アート）**…精巧なプラスチック製の造花。軽くて丈夫。使用する長さに切って挿したり留めたりする。

※ワイヤリングはP.22で紹介。

キャラフラワーづくりの主な流れ

① テーマを決める → ② デザイン画を描く → ③ 道具、資材をそろえる → ④ 花材を準備する → ⑤ ベース（土台）をつくる → ⑥ 花を挿す → ⑦ 形を整えて完成

1…テーマを決める
　何をキャラクターにするのか、どんな形の作品にするのかを決めます。写真やイラストなどの資料をそろえます。

2…デザイン画を描く
　デザイン画をしっかり描き、どこにどんな花材や資材をどれだけ使うのかを決めておくと、失敗が少なくなります。どんなテクニックを使うかも考えておきます。絵の上手下手は関係ありません。デザイン画は設計図です。ていねいで正確になるように心がけるとともに、頭の中でシミュレーションを繰り返しておきます。

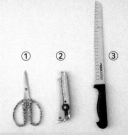
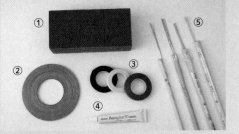

主な道具

これだけあれば十分。使用時はケガに注意する。他の道具は、必要に応じてそろえる。

① **花バサミ** 手に合うものがよい。
② **カッター** 新しい刃で作業する。
③ **吸水フォーム用カッター**

主な資材

① **吸水フォーム** 生花では吸水させてから使用する。プリザーブドフラワーやアーティフィシャルフラワーでは、主にドライ用フローラルフォームを使用する。
② **アタッチテープ** 吸水フォームなどを器に留める。
③ **フローラルテープ** 主にワイヤを束ねたり隠したりする。
④ **フラワーデザイン用接着剤** 花や資材を固定する。
⑤ **ワイヤ** 茎をつくったり補強したりする時に使用する。

3…道具、資材をそろえる

道具は、ハサミとカッター、吸水フォーム用のカッターがあれば十分です。作品や使うテクニックによって、資材は変わります。デザイン画を描きながら、よく確認しておきます。上質なリボンや布を使うと、作品がワンランクアップします。

4…花材を準備する

デザイン画に合わせて、花材を準備します。キャラフラワーに一番向く生花は、「カーネーション」です。使いたい色の花がない場合は、白いカーネーションを切り花用の着色剤で事前に水揚げ、染色しておきます。バラなどその他の花は、適材適所で選びます。吸水フォームの目隠しやキャラクターを引き立てる時は、カスミソウや小花、グリーンを使用します。作品によっては、プリザーブドフラワーやアーティフィシャルフラワーを使用します。

5…ベース（土台）をつくる

吸水フォームなどで、花を挿す下地をつくります。作品の骨格になります。

6…花を挿す

デザイン画に沿って、ベースに花を挿します。花を挿す時は一気に挿し、挿し直ししないようにします。挿し直す時は、茎を切り戻します。時々離れたところから見たり写真を撮るなどして、バランスや立体感などをチェックしながら挿します。

7…形を整えて完成

挿し終わったら、気になるところなどを手直しします。リボンや布などでデコレーションして、完成です。

How To Make
キャラフラワー①

キャラフラワーをつくる時は、プードルから始めるとよいでしょう。

難易度　★☆☆

カーネーションでつくる黄色のプードル

自宅用はもちろん、犬好きな友人へのお祝い、お見舞い、ホームパーティーへの手土産などでも喜ばれる作品。カーネーションの色を自分好みの色に変えてチャレンジしてみましょう。

＊大きさ 15cm × 10cm × 13cm
＊制作費 A
作品写真⇒P.07

ピンクのプードルの例

＊花材
　カーネーション（黄色）13本
　スプレーバラ（ピンク色）2本
　カスミソウ（白色）1本
　レザーリーフファン 1本

＊資材
　バスケット、吸水フォーム、セロファン、和紙、フローラルテープ、ワイヤ（♯24）、プードルセット（ぬいぐるみ用の目、鼻、舌）、リボン

吸水フォームをセットする

1 バスケットの内側に和紙（もしくはラッピングペーパーなど）を敷き、場合によっては高さ調整の新聞紙を入れる。

2 水を含ませた吸水フォームをセロファンに包んで入れ、吸水フォームをすき間なく敷き詰める。はみ出した和紙とセロファンを切る。

3 吸水フォームの周りを囲むように、短くカットしたレザーリーフファンを挿す。

プードルの顔と胴体をつくる

1 カーネーション3本で頭と顔をつくる。頭が少し高くなるよう位置を調整し茎が重なり合う部分をフローラルテープで固定する。

2 左右の耳、鼻の部分が立体的になるようにカーネーションを加え、フローラルテープで固定する。

3 フローラルテープから約3cm下で茎をカットする。

4 左右のバランスを見て、吸水フォームに挿す。吸水フォームの中央より手前寄りに挿すのがポイント。

5 鼻の下側に、プードルの胸（胴体）になるカーネーションを1本挿す。

6 プードルの背中になるカーネーションを2本挿す。耳や頭よりも低めに挿して立体感を出す。

プードルの顔と胴体が完成！

7 お尻の部分になるカーネーションを1本挿す。

8 プードルの後ろ側。7は、背中の2本より低くなるように、茎を短めにカットするとよい。

プードルの前脚と後ろ脚をつくる（基本のワイヤリングとテーピング）

1 カーネーションの花と茎を分離する。

2 花びらのみを手元に残す。

3 1つだった花を手で2つに分割する。

4 カーネーション2本を分割し、½の花を4つつくる。

5 U字にしたワイヤを花の根元に当てる。

6 花びらがバラバラにならないように、U字の片方のワイヤで、もう片方のワイヤと花びらを固定する。

7 ワイヤで根元を結ぶ。

8 ½の花を4つワイヤリングする（ワイヤリングの完成）。

9 ワイヤをフローラルテープで巻く。

10 ワイヤが見えなくなるまでフローラルテープを巻く。

11 4本すべてを巻いておく（テーピングの完成）。

プードルの前脚2本、後ろ脚2本が完成！

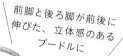

前脚と後ろ脚が前後に伸びた、立体感のあるプードルに

12 プードルの胸の左右に前脚を挿す。前脚が前方に伸びているように、胴体よりも長めに挿す。

13 プードルのお尻の左右に後ろ脚を挿す。前脚と同様に、お尻よりも長くなるように挿す。

front

back

14 最後にしっぽになるカーネーションを挿す。

前脚　頭　しっぽ　後ろ脚

頭と体が完成！

15 しっぽは胴体、手足よりも長くすることで、プードルの元気な様子を表現。

プードルの表情づくり

1 手芸用具店で購入した、プードルセットの目と鼻を挿す。

2 舌を挿したら、表情が完成。

3 頭に蝶結びをしたリボンをつける。

＊蝶結びリボンのつくり方　蝶結びをつくったら、余ったリボンの端を適度な長さに切る。結び目にワイヤを通したら完成。

プードルの周りを飾りつける

1 スプレーバラを5cmほどにカットする。

2 プードルの周りを囲むように挿す。

3 吸水フォームが見えなくなるように、バランスを見ながら挿していく。

4 カスミソウを5cmほどに短くカットする。

5 スプレーバラの間にカスミソウを挿す。カスミソウは1つひとつの花が大きく咲いているものを選ぶと華やかになる。

6 プードルにかぶらないように注意しながら挿したら完成。

カーネーションのプードルが完成!!

right

back

left

💬 ニコちゃんマークは立体でもかわいい!

パープルのニコちゃんマーク ★★☆

作品写真 ⇒ P.08

Data

* **花材**
    カーネーション(白色)…125本
* **資材**
    ステンレススタンド(120cm)、吸水フォーム、チキンワイヤ、紙、リボン、バルーン
* **大きさ**(バルーン含む)
    190cm × 170cm × 25cm
* **制作費** D

Comment

バルーンやリボンは、作品を大きく見せ、華やかにするアイテム。

How To Make

1. スタンドに、吸水フォーム、チキンワイヤをセット(P.57)する。
2. 事前にパープルに染めたカーネーションを丸く挿していく(キャラ部分は直径約40cm)。
3. 黒い紙を目と口の形に切り、顔に貼る。
4. パープルのリボンやバルーンをつけて、華やかに装飾。

💬 単純な形ですが、立体にするのが少しむずかしいです。

厚焼き卵のキャラフラワー ★★☆

作品写真 ⇒ P.08

Data

* **花材**
    カーネーション(黄色)…75本
    カスミソウ(白色)…2本
* **資材**
    かご、吸水フォーム、セロファン、ラッピングペーパー、リボン、紙、チーク
* **大きさ** 25cm × 20cm × 15cm
* **制作費** D

Comment

厚焼き卵が大好きなアイドルに贈られた。

How To Make

1. かごにラッピングペーパー、セロファン、吸水フォームをセットする。その中心に、吸水フォームを8cm×8cm×10cmほどにカットして固定する。
2. カーネーションを立体的に挿して厚焼き玉子のようにする。
3. 頬(ほお)の赤い部分はチークをつける。目、口、頬の線は黒い紙を切って貼る。上辺に細いリボンを渦巻き状に貼りつける。
4. 厚焼き卵の周りにカスミソウを挿し、吸水フォームをカバーする。

> ピンク色のリボンがフォーカルポイントで、かわいらしさを演出しています。

ピンクのドクロ ★★☆ 作品写真⇒ P.09

Data

＊花材
　カーネーション…75本
　レザーリーフファン…3枚

＊資材
　かご、吸水フォーム、和紙、
　セロファン、紙、リボン

＊大きさ　35cm × 30cm × 25cm

＊制作費　C

Comment

立体なので、形よく挿すのが少しむずかしい。愛嬌のあるドクロにするのがコツ！

How To Make

1 かごに和紙、セロファン、吸水フォームをセットする。

2 先にあごにあたる部分を5列2段分挿し、その上に楕円形の頭を挿す。

3 紙を切って目、鼻、歯のすき間をつくる。

4 頭にリボンをつけ、吸水フォームをレザーリーフファンでカバーする。

> 360度展開の作品なので、バランスが大切です。

雪だるまのキャラフラワー ★★☆ 作品写真⇒ P.09

Data

＊花材
　カーネーション（白）…70本
　カスミソウ（白色）…4本
　レザーリーフファン…2枚
　トウガラシ…1本

＊資材
　かご、吸水フォーム、セロファン、枯れ枝、
　人形用の帽子、紙、バルーン

＊大きさ　30cm × 15cm × 13cm

＊制作費　C

Comment

北海道出身のアイドルの生誕祭の花。

How To Make

1 かごにセロファン、吸水フォーム、レザーリーフファンをセットする。

2 吸水フォームを15cm×5cm×5cmほどにカットし、1の中心やや後ろに固定する。

3 立体感を意識しながらカーネーションを挿して雪だるまを形づくる。

4 挿し終わったら、人形用の帽子をかぶせ、枯れ枝で手をつくって挿す。紙で目、口を切って貼り、鼻はトウガラシを貼る。

5 足元にカスミソウを挿し、バルーンをつけて完成。

Chapter 04 かわいい アニマル・キャラフラワー

みんなが大好きな、動物のキャラフラワーです。
さまざまな動物をつくることができます。

　動物は定番アイテムで、イヌ、ネコ、クマが人気です。写真があれば、ある程度似せてつくることができ、アイドルが飼っているペットや好きな動物をキャラフラワーにすることもあります。
　動物に限らず、キャラフラワーをつくる時のポイントは、目の素材と顔の大きさです。
　目を花で表現すると表情がぼやけて見えることがあり、紙やフェルト、ボタンでつくると表情がしまって生き生きとします。
　また、顔が大きいとかわいく見えるので、マンガの二頭身や三頭身のように胴体を小さくしています。
　作品づくりは、立体より平面のほうが簡単で、花数も少なくなります。ただし、立体作品は見る人に強い印象を与えます。

ヒツジのキャラフラワー

プリザーブドフラワーの平面作品なので、簡単で、軽く、水がこぼれず、湿気を防ぐと日持ちがし、記念にとっておける。つくり方⇒P.30

子ネコがいっぱい

13匹のネコを1つのかごにまとめた作品。すべて配色が異なります。1つずつのネコはとても簡単につくれます。つくり方⇒P.31

プリザはすべて、1輪ずつワイヤリングして挿せるようにします。

ヒツジのキャラフラワー ★☆☆ 作品写真⇒ P.28

Data

＊花材
　プリザーブドフラワー
　　カーネーション（白色）…60 輪
　　カーネーション（黄色）…20 輪
　　カーネーション（ピンク色）…2 輪
　　アジサイ（水色）…2 箱
＊資材
　かご、ドライ用フローラルフォーム、セロファン、ワイヤ（#24）、フェルト、レース、チョーカー
＊大きさ　40cm × 40cm
＊制作費　D

Comment

子ヒツジのようなアイドルの誕生花。

How To Make

1 手つきのかごにセロファンを敷き、ドライ用フローラルフォームをすき間なくセットする。

2 花材をワイヤリングする。フローラルフォームに下絵をつけ、接着剤をつけながらカーネーションのプリザを挿していく。

3 目、鼻をフェルトでつくって貼り、首に手づくりのチョーカーをつける

4 アジサイのプリザでフローラルフォームを隠し、レースでかごを飾る。

デザイン画をしっかりつくっておきましょう。

コアラのキャラフラワー ★☆☆ 作品写真⇒ P.09

Data

＊花材
カーネーション（白色）…62 本
カーネーション（薄オレンジ色）…36 本
レザーリーフファン…3 枚
＊資材
　かご、セロファン、吸水フォーム、紙
＊大きさ　40cm × 40cm
＊制作費　C

How To Make

1 かごにセロファン、吸水フォームをセットし、先のとがったもので、表面にコアラの輪郭を下書きする。

2 白色のカーネーション 25 本を青色に染めておく。コアラの写真を見ながら、カーネーションで絵を描くように挿す。

3 鼻の周りが少しふくらみを持つように、残りの白色と薄オレンジ色のカーネーションを挿す。紙を切って目、眉、鼻、口をつくって貼る。

4 レザーリーフファンで吸水フォームを隠す。

> 鼻、目、耳の組み合わせを変えて、1匹ずつ個性のあるネコにしています。

子ネコがいっぱい ★★☆ 作品写真⇒P.29

Data

＊花材
　カーネーション（各色）…95本
　レモンリーフ…2本

＊資材
　かご、吸水フォーム、セロファン、ぬいぐるみ用の目、鼻、ワイヤ（♯24）、フェルト、リボン、鈴

＊大きさ　12cm × 40cm × 40cm
＊制作費　D

Comment

たくさんにゃんこを飼っているアイドルの生誕祭のディスプレー。

How To Make

1. 大きめのかごにセロファンを敷き、かごの1/3ほどの高さまで吸水フォームをセットする。

2. カーネーションを4輪組み合わせてネコの顔をつくる。ぬいぐるみ用の目と鼻、ワイヤでひげ、フェルトを切って耳をつくり、貼りつける。1/4のカーネーションをワイヤリングしてしっぽをつくる。首の部分にリボンと鈴をつける。

3. すべて完成したら、配色を見ながらネコがいっぱい入っているように挿す。最後に、レモンリーフで吸水フォームを隠す。

> 人形を見本にすると、つくりやすいです。

キューピーのキャラスタンド ★★★ 作品写真⇒P.10

Data

＊花材
　カーネーション（オレンジ色）…125本
　カーネーション（薄茶色）…25本
　カスミソウ（白色）…10本
　レザーリーフファン…5枚

＊資材
　スタンド、吸水フォーム、チキンワイヤ、紙

＊大きさ　180cm × 50cm × 25cm
＊制作費　D

Comment

「めぐみこ」ではじめてのキャラクターのスタンドフラワー。

How To Make

1. スタンドに吸水フォーム、キチンワイヤをセットする（P.57）。

2. カーネーションで顔を下から挿していく。挿しながら凹凸をつける。鼻は高く挿す。

3. 髪の毛は薄茶色のカーネーションを挿し、目、口を紙でつくって貼る。

4. 顔の周りにカスミソウでふんわりした感じを出し、レザーリーフファンを背後にあしらう。

白クマさん

ほぼ挿すだけでつくれる、簡単なキャラフラワー。あまり大きくないので、持ち運びできます。つくり方⇒P.34

クマのステッキブーケ

ステッキブーケは持ち歩くので、軽くて壊れにくいアーティフィシャルフラワーで。つくり方⇒P.35

ピンクの子ブタさん

ブタさんも人気キャラ。裏側は見せない半球形なので、制作は比較的容易です。つくり方⇒P.34

わんこのキャラフラワー

実際のわんこをモデルにしたプリザーブドフラワーの作品。つくり方⇒ P.47

パンダのキャラフラワー

プリザーブドフラワーの作品。耳や手足は黒のカラースプレーで着色。つくり方⇒ P.87

鼻の部分を前に出し、ブタらしくします。

ピンクの子ブタさん ★☆☆ 作品写真⇒P.32

Data

*花材
　カーネーション（ピンク色）…50本
　レザーリーフファン…2本

*資材
　かご、セロファン、吸水フォーム、ワイヤ、
　フェルト、リボン

*大きさ　30cm×30cm

*制作費　C

How To Make

1 かごにセロファンを敷き、吸水フォーム、レザーリーフファンをセットする。

2 カーネーションを1輪ずつワイヤリングして、前脚を2本つくる。

3 半球形にカーネーションを挿し、耳の部分を高く、鼻はだ円形に挿す。

4 フェルトを切って目と鼻の穴をつくって貼り、前腕を2本挿し、ワイヤでつくったしっぽを挿し、リボンをかける。

1本のヒマワリで、ぐっと引き締まった感じになります。

白クマさん ★☆☆ 作品写真⇒P.32

Data

*花材
　カーネーション（白色）…22本
　ヒマワリ…1本
　レモンリーフ…2本

*資材
　かご、吸水フォーム、セロファン、
　和紙、紙

*大きさ　20cm×15cm×10cm

*制作費　B

How To Make

1 かごに和紙、セロファンを敷き、吸水フォームをセットする。

2 別の吸水フォームを10cm×6cm×6cmほどに切り、1の中心に固定する。

3 白いカーネーションを挿し、胴体と頭をつくる。紙を切って目、鼻、口をつくって貼る。

4 足元はレモンリーフで隠し、ヒマワリを挿して完成。

手に持つので、接着剤でしっかり留めます。

クマのステッキブーケ ★★★ 作品写真⇒P.32

Data

＊花材
　アーティフィシャルフラワー
　　カーネーション（白色）…22本
　　スプレーバラ（多色）…10本

＊資材
　吸水フォーム、ステッキ、ワイヤ（♯24）、ボタン、毛糸、リボン、タッセル、フェルト

＊大きさ　長さ35cm

＊制作費　D

How To Make

1. 胴体となる吸水フォームを長方形（7×5×3cm）に切る。花材をすべてワイヤリングする。

2. カーネーションをまとめて顔を組み、ボタンの目、毛糸を切ってつくった口や頬を貼る。

3. ステッキの先に1の土台を接着剤とワイヤで固定し、2の顔の底辺に接着剤を塗り、胴体に挿す。スプレーバラの配色を考えながら服の部分挿す。ステッキをリボン、タッセルで装飾する

4. 腕の部分は、カーネーションを挿す。リボンをかけて完成。

カーネーションの染め方

「カーネーション・マジック！」「カーネーションはミラクル！」「カーネーションは無敵！」という言葉が出てしまうほど、キャラフラワーの制作にカーネーションは欠かせません。カーネーションにない色は染めてつくる、これがモットーです。

切り花用の着色剤が市販されているので、白花のカーネーションに欲しい色の染色液を吸い上げさせ、自然にはない色をつくり出します。

なお、それでもつくれない色は、カラースプレーを吹きつけます。

1 染めたい色の切り花着色剤を瓶などに注ぐ。

2 白花のカーネーションの茎を斜めに切り、水揚げ促進剤につける。

3 そのまま1に挿す。茎の長さや環境、植物の種類で染まる時間が異なる。茎の長さ20cmのカーネーションで1時間半。茎が長い場合は、1日かかることもある。

トイプードルのキャラスタンド

クリスマス仕様にした、トイプードルのキャラフラワー作品。クリスマスの雰囲気を出すようにしています。つくり方⇒P.38

ピンクのイルカちゃん

カスミソウの波しぶきに、イルカが元気に水の上をはねている作品。つくり方⇒P.38

金のしゃちほこの キャラフラワー

言わずと知れた名古屋の象徴です。うろこをスパンコールで演出。つくり方⇒P.39

> 赤と緑でまとめて、ポインセチアでクリスマス感アップ！

トイプードルのキャラスタンド ★★★ 作品写真⇒P.36

Data

* **花材**
　カーネーション（薄ピンク色）…110本
　カーネーション（赤色）…1本
　カスミソウ（白色）…7本
　ミニバラ（赤）…7本
　ポインセチア（赤）…1本

* **資材**
　スタンド、吸水フォーム、チキンワイヤ、紙、リボン、チュールレース生地

* **大きさ**　180cm × 60cm × 25cm

* **制作費**　E

How To Make

1. スタンドに吸水フォーム、チキンワイヤをセットする（P.57）。

2. カーネーションをあらかじめ茶色に染色する。鼻用に1輪黒く染色する。

3. 茶色のカーネーションで犬の形に挿していく。

4. 紙を切って目をつくり貼りつける。2でつくった鼻を挿す。口は埋め込むように赤いカーネーションを挿す。

5. クリスマス感を出すために、顔の周りはカスミソウと赤いミニバラ、頭にはポインセチアの花、首元には赤いチュールレース生地のリボンでまとめる。

> 横に長くするとカーネーションが安定しないので、少し丸まった形にします。

ピンクのイルカちゃん ★★★ 作品写真⇒P.37

Data

* **花材**
　カーネーション（ピンク色）…100本
　カスミソウ（白色）…6本
　レースフラワー（白色）…5本
　レザーリーフファン…4枚

* **資材**
　かご、吸水フォーム、セロファン、紙

* **大きさ**　60cm × 62cm × 30cm

* **制作費**　D

Comment

韓流グループのコンサートに、スタンドとセットで贈られた作品。

How To Make

1. かごにセロファンを敷き、吸水フォームをセットする。

2. カーネーションをイルカの形に挿していく。イルカのぬいぐるみなどを参考にすると立体が挿しやすい。

3. イルカの形が完成したら、アタッチテープなどでカーネーションが崩れないように固定する。

4. カスミソウやレースフラワーを使って波しぶきのように見せる。

5. 紙でイルカの目を切り取って貼りつける。かわいい目にすると愛らしくなる。

口としっぽの
つくり方が
むずかしいです。

金のしゃちほこのキャラフラワー
★★★　作品写真⇒P.37

Data

＊花材
　カーネーション（黄白）…150本
　ラメ入りのカスミソウ（白色）…3本
　レザーリーフファン…2本

＊資材
　かご、吸水フォーム、セロファン、紙、
　スパンコール、ビーズ刺しゅうのモチーフ、
　ラッピングペーパー

＊大きさ　30cm × 38cm × 38cm
＊制作費　E

Comment

アイドルの生誕祭に贈られた作品。エビフライの写真を参考につくった。

How To Make

1 かごにセロファンを敷き、吸水フォームをセットし、その上に10cm × 5cm × 7cmと、5cm × 10cm × 7cmの2つの吸水フォームを組み合わせて固定し、ベースにする。

2 黄色のカーネーションを立体的に挿していく。口の部分は空間をつくりながら挿す。

3 尾の部分はだんだんと花を積み上げるように挿していき、しっぽの先はワイヤリングしてつくる。

4 全体を形づくったら、スパンコールをうろこのように切って貼る。

5 目と牙は紙を切ってつくり、貼りつける。眉毛部分はビーズ刺しゅうのモチーフを貼る。

6 カスミソウを挿して、吸水フォームを隠す。

How To Make
キャラフラワー②

難易度を上げ、より立体的な
キャラフラワーに挑戦しましょう。

難易度 ★★★

プリザーブドフラワーでつくるオレンジのテディ・ベア

プリザーブドフラワーをめいっぱい使った贅沢な作品。結婚式やお祝いなど、大切な人への特別な贈り物として、時間をかけてつくってみてはいかがですか。
＊大きさ 25cm × 20cm × 15cm
＊制作費 E
作品写真⇒ P.07

＊花材

プリザーブドフラワー カーネーション
（黄色）74 輪、（白色）11 輪
アジサイ（ライトグリーン）1箱

＊資材
①かご、②ドライ用フローラルフォーム、③カラーのドライ用フローラルフォーム、④セロファン、⑤和紙、⑥フローラルテープ、⑦ワイヤ（♯24、♯16、♯20）、⑧手芸用の目と鼻のボタン、⑨リボン、⑩接着剤

ドライ用フローラルフォームをセットする

1 かごにセロファンを敷き、吸水フォームをセットする。はみ出たセロファンはカットする。和紙をすき間に押し込む。

2 白のドライ用フローラルフォームを薄く切り、接着剤をつけて貼る（カラーフローラルフォームは高額なので節約のため）。

3 下の緑色が見えなくなるように敷き詰める。

プリザーブドフラワーのワイヤリングとテーピング

1 プリザーブドフラワーにU字にしたワイヤ（#24）をピアスメソードで刺す。

2 ピアスしたワイヤで、もう片方のワイヤと花の根元を固定する。

3 ワイヤをフローラルテープで巻く。

4 花の形をつぶさないように注意しながら巻いていく。

5 ワイヤが見えなくなるまでフローラルテープを巻く。

> プリザーブドフラワー（黄色+白）計80本分のワイヤリングを終えておきます。これだけで一仕事！

クマの顔づくり

1 白色のカラーフローラルフォームを3cm程度の厚さにスライスし、さらにクマの形にカットする。

2 クマの口元になる部分に白色のカーネーションを挿す。

3 口元の周りを黄色のカーネーションで囲むように挿していく。

4 顔の丸みが出るようにカーネーションを立体的に挿し、耳の部分に、白色のカーネーションを挿す。

5 耳が立体的になるように、頭の球体部分よりも花が1つ飛び出す高さに挿す。

6 頭全体が球体になるように、360度、カーネーションを挿す。

クマの顔を固定

クマの胴体部分のドライ用フローラルフォームの底面の中心に、ワイヤ（#16）を3cm程度に切って半分ほど挿す。さらに、クマの胴体の底面全体に接着剤をつけ、かごの中心よりやや後方に、顔の正面をこちらに向けて、ベースに挿して固定する。

＊高さを調整したい場合

ワイヤ

顔の位置を上げたい場合は、顔と胴体の間に、同色のドライ用フローラルフォームをはさみ、5cm程度に切ってU字にしたワイヤ（#16）をかすがいにする。

クマの胴体づくり

1 クマの胸部分には白色のカーネーションを挿し、その両脇には黄色のカーネーションを挿す。

> 胸のカーネーションは胴体のドライ用フローラルフォームに挿し、おなか・脚部分はバスケットに敷かれたドライ用フローラルフォームに挿すのがポイント！
> 胸から脚にかけて、なだらかな曲線になるように挿します。

2 胸、おなかから脚部分を挿したら、左右に前脚をつくる。立体的に浮かび上がって見えるように挿していく。

3 黄色のカーネーション3輪でクマの後ろ脚をつくり、手のひら部分に白色のカーネーションを挿す。

4 脚の先に白色のカーネーションを挿し、後ろ脚が完成。

5 背中にもカーネーションを挿す。

> お尻の丸みでかわいらしさが増す！

6 お尻部分が少し太めに広がるように挿し、最後にしっぽを花1つ分飛び出すように、長さを調整して挿す。

7 クマの顔や頭、胴体でくぼんでいるところがあれば微調整して、完成。

side

front

43

クマの表情づくり

1 手芸用具店で購入した目と鼻のボタンにワイヤ（♯24）を通し、ねじる。

2 ワイヤをフローラルテープで巻く。

3 目と鼻を、位置やバランスを見ながら挿す。

4 ワイヤ（♯20）にこげ茶のフローラルテープを巻く。

5 口の長さにハサミでカット。接着剤でカーネーションに固定する。

6 鼻と口をつないだら、表情が完成！

7 胸につけるリボンを適度な長さにカットし、ワイヤ（♯24）で結び目をつくる。

8 リボンが完成！

9 クマの胸部分にリボンを挿す。

飾りつけ

1 プリザーブドフラワーのアジサイを細かくカットする。

2 土台に接着剤をつけ、アジサイを貼っていく。

3 ドライ用フローラルフォームが見えなくなるように、アジサイを敷き詰める。

4 黄色のカーネーション1輪の根元をカットし、花びらにする。

5 花びらに接着剤をつけ、フローラルテープが見えている部分を隠すように貼っていく。

6 360度どこから見ても、フローラルテープやフローラルフォームが見えなくなるように貼る。

7 花びらの凹凸が気になる部分をハサミでカットし、形を整える。

プリザーブドフラワーのカーネーションでつくるテディ・ベアが完成!!

front / side / back

眉毛と耳がポイント。しっぽは小さくつくります。

わんこ（シュナウザー）
★★★ 作品写真⇒P.03

side

頭を大きくして、胴体を小さくして、かわいさを強調。

吸水フォームを、おおよそのシュナウザーの形にカットする。

Data

*花材
　カーネーション（白色）…200本
　カスミソウ（白色）…1枝程度
　ミニバラ…約10本
　レザーリーフファン…適宜

*資材
　かご、和紙、セロファン、吸水フォーム、ワイヤ（#24）、地巻きワイヤ（#24）、カラースプレー、ぬいぐるみ用のボタン、フェルト、フローラルテープ

*大きさ　40cm × 30cm × 30cm

*制作費　E

Comment

顔を大きくして、胴体を小さくつくると効果的。アイドルの愛犬をモデルにした作品。

How To Make

1 かごに和紙、セロファン、吸水フォームをすき間なくセットする。½大にした吸水フォームをシュナウザーの形にカットし、セットした吸水フォームの中央に芯を挿して固定する。

2 シュナウザーの形にカットした吸水フォームに、立体感を意識してカーネーション（白色）を挿す。耳はカーネーションをワイヤリングして形を整えたものを挿す。

3 口の部分、かご、吸水フォームをマスキングし、花用のカラースプレーで頭を着色する。

4 眉毛の部分を少し飛び出したように挿す。顔を挿し終わったら、胴体を挿す。しっぽはワイヤリングをして挿す。

5 全体を挿し終わったら、ぬいぐるみ用のボタンで目を貼り、フェルトを切って鼻をつくり貼る。口は地巻きワイヤを切って貼る。

6 最後に、レザーリーフファンを敷き、シュナイザーの周りにカスミソウやミニバラをアレンジする。

back

背中に表情をつける、しっぽもつけるとかわいらしい。

Data

*花材
　プリザーブドフラワー
　　カーネーション(白色)…45輪
　　カーネーション(茶色)…16輪
　　バラ ミニ(各色)…6輪
　　バラ マイクロ(各色)…6輪
　　アジサイ(ミックス)…1箱

*資材
　かご、ドライ用フローラルフォーム、セロファン、和紙、ボタン、リボン、ぬいぐるみ用のボタン

*大きさ　20cm × 30cm × 30cm

*制作費　D

Comment

プリザの作品なので、湿気や日光を避けると長期間保存できる。飼い主がとても喜んだ作品。

How To Make

1　かごに和紙、セロファンを敷き、ドライ用フローラルフォーム(A)セットする。続けて4cm×4cm×さ4cmにカットしたフローラルフォーム(B)をAの中央に固定する。

2　カーネーションとバラ マイクロをワイヤリングする。

3　白いカーネーションを束ねて顔をつくって1のBに挿し。茶色いカーネーションを耳の部分に挿す。

4　顔を挿し終わったら、立体を意識して胴体と脚の部分を挿す。しっぽは耳と同様にワイヤリングして挿す。

5　全体が完成したら、ぬいぐるみ用のボタンで目と鼻を貼りつける。

6　アジサイ、ミニバラの花びらを接着剤で敷き詰めるように貼って吸水フォームを隠し、好きな色のミニバラを散らしてリボンを結ぶ。

モデルのわんこにできるだけ色合いを近づけています。

わんこのキャラフラワー
★★★　作品写真⇒P.33

Chapter 05
みんなハートマークが大好き！

愛の象徴、ハートマークは誰にでも喜ばれます。
残したい時はプリザーブドフラワーやアーティフィシャルフラワーでつくります。

ハートマークのキャラフラワーは、いとしい人の誕生日やウエディング会場、プロポーズの時、バレンタインなど、愛を表現するロマンチックな作品です。

日本人は絵文字などでハートマークを、世界の中でもよく使うそうです。キャラフラワーでもハートマークは人気のアイテムで、花材、色、大きさなどを変え、趣向を凝らしてつくっています。

ハートマークの色使いはピンクや赤が基本になりますが、テーマカラーや希望があれば、他の色でもよいでしょう。配色がむずかしいかもしれませんが、いくつかの色を混ぜることもできます。

他のキャラフラワー同様、平面は吸水フォームに挿すだけなので簡単なのですが、立体はベテランの花屋さんでも上手にできず、問い合わせが来ることがあります。とはいえ、コツさえわかれば誰にでもでき、リンゴやモモ、クローバーなどに応用できます。

ハートのバスケット

プリザーブドフラワーの作品なので、持ち運びが軽く、水漏れしません。つくり方⇒P.51

ヒマワリのハートの スタンドフラワー

ビタミンカラーのハートは、夏の暑さに負けない元気がもらえます。つくり方⇒ P.50

ハートのステッキブーケ

ハートのアーティフィシャルフラワーのステッキブーケは、ウエディングのお色直しにぴったり。つくり方⇒ P.50

ストーンをつけると、お姫様感がUPします。

ハートのステッキブーケ ★★☆ 作品写真⇒P.49

Data

* **花材**
    アーティフィシャルフラワー
    バラ（紫）…12本
    小花…6本
    アジサイ…2本

* **資材**
    ハート形のドライ用フローラルフォーム、棒（ステッキ）、リボン、ワイヤ（#24）、ストーン

* **大きさ** 45cm × 12cm × 3cm
* **制作費** D

Comment

アイドルの生誕祭に贈られた作品。

How To Make

1 ハート形のドライ用フローラルフォーム（市販のもの）の周りを少し削って小さくする。ステッキになる棒をハートの下の中心に接着剤をつけて挿して固定する。

2 花材をワイヤリングする。

3 ハート形の吸水フォームに、2を、接着剤をつけながら挿す。

4 3の中心にストーンを接着剤でポイントに貼りつける。リボンをつけて完成。

ヒマワリは花径8cmほどで、茎の細いものが使いやすいです。

ヒマワリのハートのスタンドフラワー ★★☆ 作品写真⇒P.49

Data

* **花材**
    ヒマワリ…150本
    ブプレウルム…10本
    アレカヤシ…5本

* **資材**
    コーンスタンド、吸水フォーム、チキンワイヤ

* **大きさ** 180cm × 80cm × 40cm
* **制作費** D

Comment

黄色は金運UP！　と喜ばれるので、開店祝いにも最適！

How To Make

1 円ずい形のコーンスタンドに吸水フォームをセットし、チキンワイヤをかける（P.57）。

2 ハートマークの下からヒマワリを挿していく。全体の形と中心が盛り上がるように挿すのがポイント。ヒマワリを左右半分ずつにとり分けておくと挿しやすい。

3 ハートの周囲にブプレウルム、背景にアレカヤシをあしらう。

> ワイヤリングができれば、誰にでもつくれます。

ハートのバスケット ★☆☆ 作品写真⇒P.48

Data

*花材
　プリザーブドフラワー
　　バラ（ピンク色）…21輪
　　バラ（薄紫色）…8輪
　　アジサイ（紫色）…2箱
　　シサルアサ（白色）…少々

*資材
　バスケット、ドライ用フローラルフォーム（白色）、ラッピングペーパー（白色）、セロファン、ワイヤ（♯24）、レース、リボン

*大きさ　40cm × 40cm

*制作費　D

Comment

緑色のドライ用フローラルフォームやその他のフォームを使用する場合は、白いフローラルフォームを薄く切って敷き、すき間が見えても違和感がないようにしておくとよい。アイドルのステージ衣装をイメージして生誕祭に贈られたステージ花。

How To Make

1 バスケット周囲に、レースのフリルを2段分、両面テープで貼りつける。

2 バスケットにラッピングペーパー、セロファンを敷き、ドライ用フローラルフォームをセットする。

3 フローラルフォームが動かないように、バスケットの縁から接着剤流し入れ、固定する。

4 フローラルフォームの表面にシサルアサを薄く貼りつける。

5 プリザーブドフラワーをワイヤリングする（P.41）。

6 ピンク色のバラを中心からハート形に挿していく。

7 6のハートの周りにレースを貼って飾りつけ、さらにその周囲に紫系のバラやアジサイを挿してカバーする。取っ手にリボンをつける。

カーネーションの水揚げ　生花はしっかり水揚げしてから挿しましょう。

1 カーネーションを準備する。

2 上部の一節を残して葉を取る。

3 鋭利な刃物で茎を斜めにカットする。水切り（水の中で切る）が基本だが、カーネーションは外で切ってもよい。

4 しっかり水揚げする。

赤いハートの花かご

ハートに傾斜をつけ、カスミソウの中にハートが浮かんで見える、立体的な作品です。
つくり方⇒ P.54

ショッキングピンクのハートのバスケット

平面の作品なので、簡単です。色の組み合わせを工夫してつくるとプレゼントに最適です。つくり方⇒ P.54

メロン色のハートのスタンドフラワー

グリーンを中心にした、むずかしい色の組み合わせのハートです。つくり方⇒ P.92

大きな赤いハートの
スタンドフラワー

スタンドフラワーのハートの基本となる作品ですが、インパクトがあります。つくり方 ⇒ P.55

ピンクのハートの
スタンドフラワー

いろいろなピンク色の花の中に、レインボーローズを入れています。つくり方⇒ P.55

赤いリンゴの
スタンドフラワー

ハートの応用作品で、他の果物もつくれます。葉っぱが印象的。つくり方⇒ P.93

ショッキングピンクのハートのバスケット ★☆☆ 作品写真⇒P.52

> 中心からつくると、ハートマークがきれいにまとまります

Data

*花材
スプレーバラ（ショッキングピンク色）…10本
スプレーバラ（オレンジ色）…5本
スプレーバラ（赤色）…3本
スプレーバラ（緑色）…3本
レザーリーフファン…2枚

*資材
かご、吸水フォーム、ラッピングペーパー、セロファン、リボン

*大きさ　30cm × 30cm

*制作費　C

Comment

花の顔をそろえて挿すとよい。

How To Make

1. かごにラッピングペーパー、セロファンを敷き、吸水フォームをセットする。

2. ショッキングピンク色のバラをハートの中心から挿す。

3. 2の周囲をオレンジ色のバラで囲み、間に赤色と緑色のバラをちりばめる。

4. 周囲にレザーリーフファンを入れて吸水フォームを隠し、取っ手にリボンをつける。

赤いハートの花かご ★★☆ 作品写真⇒P.52

> 青いリボンが効果的。赤いバラのハートは効果抜群！

Data

*花材
バラ（赤色）…30本
カスミソウ（白色）…5本

*資材
かご、吸水フォーム、ラッピングペーペー、セロファン、リボン

*大きさ　30cm × 30cm × 30cm

*制作費　C

Comment

結婚のお祝いに、新郎へのプレゼント。

How To Make

1. かごにラッピングペーペー、セロファンを敷き、吸水フォームをセットする。

2. 後ろに向かって角度が45度くらい上がるような傾斜をつけたハート形に。赤いバラをハートの先から挿す（P.58）。

3. ハートの周囲にカスミソウを挿して華やかにする。

4. 青いリボンをつけて完成。

> レインボーローズが
> ポイント。
> ゴージャス感が出ます。

ピンクのハートのスタンドフラワー

★★★ 作品写真 ⇒ P.53

Data

*花材
　カーネーション（各色）…50本
　レインボーローズ…15本
　バラ（ピンク色）…20本
　スプレーバラ（赤色）…10本
　ガーベラ（ピンク色）…10本
　カスミソウ（白色）…5本
*資材
　スタンド、吸水フォーム、チキンワイヤ、チュールレース生地
*大きさ　180cm × 50cm × 30cm
*制作費　E

Comment

いろいろな花や色が入っているので、配色を考えながら挿すとよい。

How To Make

1　スタンドに吸水フォームをセットし、チキンワイヤをかける（P.57）

2　いろいろな花を適宜混ぜながら、下からハートの形に挿していく。ハートの先端を小さい花にし、中心から上部は大きく開いた花にすると、ハートの形がつくりやすい。

3　ピンクのチュールレースを飾りにつけてかわいさを出す

> スタンドフラワーの
> ハートの入門作品です。
> まずはここから始めます。

大きな赤いハートのスタンドフラワー

★★★　作品写真⇒ P.53

Data

*花材
　カーネーション（ピンク色）…125本
　カスミソウ（白色）…10本
*資材
　スタンド、吸水フォーム、チキンワイヤ
*大きさ　180cm × 60cm × 30cm
*制作費　D

How To Make

1　スタンドに吸水フォームをセットし、チキンワイヤをかける（P.57）

2　ピンク色のカーネーションを下からハートの形に挿していく。ハートの先端を小さな花にし、中心から上部は大きく開いた花にすると、ハートの形がつくりやすい。

3　ハートができたら、周りにカスミソウを挿して完成。

How To Make
キャラフラワー③

特別なイベントに贈りたい、
ハートのフラワースタンド。

難易度 ★★★

カーネーションでつくる
ハートのスタンド

新規開店のお祝いや、企業の創業パーティーなど、節目のイベントにも喜ばれます。

＊大きさ 180cm × 50cm × 30cm
＊制作費 D

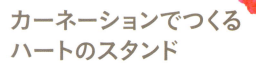

＊花材
　カーネーション（赤色）　125本
　レザーリーフファン　5本

＊資材
①スタンド、②吸水フォーム、③チキンワイヤ、④ワイヤ（#16)、⑤粘着テープ

キャラスタンドのベースをつくる（キャラスタンド共通）

1 スタンドの花器に吸水フォームを入れ、棒などを芯にして、上下の吸水フォーム同士を固定する。

2 長方形の吸水フォームを2つ、それぞれ芯で固定する。

3 吸水フォームが崩れないように、しっかり固まっているか確認する。

チキンワイヤを十字にカットする。

ワイヤ（#16）1本を4等分にして、ホッチキスの芯のような形をつくる。

しっかり固定しないと、花を100本以上挿した時に吸水フォームがボロボロと崩れてしまう。

4 チキンワイヤを手で編んで固定する。

5 ホチキスの芯型に折ったワイヤで左右2つの吸水フォームを固定する。

6 花器と吸水フォームを粘着テープで固定する。

立体的なハートづくり

side　　　　　　　　　side　　　　1/3

1 ハートの一番下の1輪を中心に挿して、ハートづくりスタート！

2 一番下のカーネーションを起点に挿していく。ハートの下1/3は、吸水フォームに対して平行に挿す。

3 ハートの中心に少しふくらみを持たせ、カーネーションが凹凸にならないように長さを調整する。

4 吸水フォームが崩れないように注意して、茎の長さを考えながら挿す。

5 残りの本数とハートの大きさのバランスを見ながら挿す。

6 花と花の間にすき間ができないように注意する。

7 ハートの形が崩れないように、アタッチテープで茎を固定する。

8 ハートがシャープになるように、ハサミで花をカット。

飾りつけ

1 レザーリーフファンを挿して、吸水フォームを隠す。

2 後ろから見られてもいいようにレザーリーフファンを挿す。

3 レザーリーフファンを大小さまざまな大きさにカットして、サイドにも挿したら完成！

front

レザーリーフファンの代わりにカスミソウを挿すと、かわいらしくて甘い印象に！

side

後ろから見てもハート型。

back

side

Chapter 06 おいしそうな お菓子のキャラフラワー

ケーキからタルト、パフェ、アイスクリーム、団子まで、
花で好きなお菓子を再現します。

お菓子のキャラフラワーは、遊び心に
あふれた作品です。
　アイドルファンの世界では、通常、アイ
ドルに食べ物を贈るのは厳禁なので、お
菓子のキャラフラワーで贈ります。
　それ以外でも、ダイエット中などお菓子
を食べられない方へのプレゼントや誕生
会、結婚式の飾り物などで使われます。
いたずら心のある人は、パーティーなど
にお菓子の箱に入れて持っていき、プレ
ゼントします。もちろん、花でつくったこ
とは黙っています。冷蔵庫に箱ごとしまっ
た友人は、食べようと思った時にビックリ！
という仕掛けです。
　飾ってあるだけでも楽しいので、プリ
ザーブドフラワーやアーティフィシャルフラ
ワーでつくってもよいでしょう。

イチゴのフラワー ショートケーキ
カットしてあるプリザーブドフラワーの
ショートケーキ。つくり方⇒P.62

フルーツたくさんの
フラワーケーキ

フェイクフルーツが楽しいプリザーブドフラワーのケーキ。贈る相手の好きなフルーツをたくさん飾ると喜ばれます。つくり方⇒ P.63

花とフルーツの
フラワータルト

本物のケーキの箱に入れると、サプライズ感があり喜ばれます。つくり方⇒ P.62

ベリーベリーの
フラワータルト

有名洋菓子店のベリータルトのリクエストがあり、できあがった作品。つくり方⇒ P.63

イチゴのフラワーショートケーキ ★★☆

作品写真 ⇒ P.60

本物っぽくつくります。

Data

*花材
　プリザーブドフラワー
　　ミニバラ ベイビー（白色）… 5輪
　　ミニバラ マイクロ（白色）… 5輪
　　アジサイ（白色）… ½箱

*資材
　円形のドライ用フローラルフォーム（白色）、
　皿、チョコレートのペン、リボン、ワイヤ
　（♯24）、ケーキ用キャンドル、フェイク
　のイチゴ

*大きさ　8cm × 15cm × 15cm

*制作費　A

How To Make

1. 白いケーキ型のフローラルフォームを、本物のケーキのように⅛にカットする。

2. 側面中央に赤いリボンを巻き、白いアジサイを分解してクリームのように周りに貼りつける。

3. 上面は白いミニバラを生クリームのように飾り、フェイクのイチゴをワイヤリングして挿す。

4. 3のケーキを皿に接着剤で固定し、キャンドルを高く立てる。皿にチョコレートのペンなどでメッセージを書いて完成。

花とフルーツのフラワータルト ★★☆

作品写真 ⇒ P.61

おいしそうな色合いの花や実を、本物のように盛りつけます。

Data

*花材
　プリザーブドフラワー
　　バラ（各色）… 7輪
　　ミニバラ（各色）… 3輪
　　アジサイ（白色）… ½箱
　シサルアサ… 少々
　フェイクの果物（サクランボ、イチゴ、
　　ブドウ、かんきつ類）… 適宜

*資材
　6号鉢の受け皿、円形のドライ用フローラル
　フォーム（白色）、リボン（赤色）、
　ワイヤ（♯24）、市販のケーキ箱

*大きさ　7cm × 12cm × 12cm

*制作費　C

Comment

市販のケーキ箱に入れて演出を。

How To Make

1. 6号鉢の受け皿に、吸水フォームを4cm厚にスライスしてぴったりにセットする。その際、中心部を少しふくらませるとよい。フローラルフォームの周囲に両面テープでリボンを貼る。

2. 表面にシサルアサを少し貼る。

3. 赤いバラを中心に一輪挿し、間隔を空けて他のバラを挿す。空いているところにアジサイをざっくり貼ってフローラルフォームを隠す。

4. フェイクの果物をランダムに接着剤で貼るか、カットしてワイヤリングして挿す。

キャンドルを飾ると、お祝い感が増します（ただし火はNG）。

フルーツたくさんのフラワーケーキ ★★☆

作品写真 ⇒ P.61

Data

＊花材
　プリザーブドフラワー
　　プレミアムローズ（白色）…1輪
　　メディアナローズ（赤色）…4輪
　　メディアナローズ（白色）…4輪
　　ベイビーローズ（白色）…5輪
　　アジサイ（白色）…½箱
　フェイクのフルーツ…適宜

＊資材
　ケーキ型フローラルフォーム
　（白色 直径20cm + 直径10cm）、
　ワイヤ（♯24）、ケーキ用コンポート皿、
　テープ式リボン

＊大きさ　26cm × 21cm × 21cm

＊制作費　C

How To Make

1. 直径20cmのケーキ型フローラルフォームの周囲にテープ式リボンを貼る。小さいフローラルフォームの中心にワイヤを挿し、大きいフローラルフォームの中心に接着剤で貼りつけ固定する。

2. 上の段の中央にプレミアムローズを挿し、全体を本物のケーキのように、プリザーブドフラワーとフェイクのフルーツでデコレーションする。

3. 生クリームの代わりに白いアジサイや小さなミニバラをあしらう。

4. コンポート皿に飾りつけて完成。

素材をたくさんそろえて、おいしそうに盛りつけます。

ベリーベリーのフラワータルト ★★☆

作品写真 ⇒ P.61

Data

＊花材
　ミニバラ（ピンク色）…2本
　ミニバラ（オレンジ色）…2本
　ヒペリカム…2本
　ビバーナム ティナスベリー…1本
　ローズヒップ…3本
　ヒメリンゴ…3個
　レザーリーフファン …2枚

＊資材
　7号鉢の受け皿、吸水フォーム、
　ワイヤ（♯24）

＊大きさ　6cm × 21cm × 21cm

＊制作費　C

How To Make

1. 7号鉢の受け皿にすり切りで、吸水フォームをすき間なく詰め、1の周囲にレザーリーフファンを敷く。

2. ローズヒップ、ヒメリンゴなどの実ものをワイヤリングする。

3. 最初にミニバラをバランスよく挿し、その間に実ものを挿す。吸水フォームが見えないように盛りつける。

ミントアイスの スタンドフラワー

お花用のコーンスタンドが、そのままアイスのコーンになった作品。つくり方⇒P.66

4つのフラワーパフェ

プリザーブドフラワーの作品です。同じ素材でも色を変えて並べると楽しめます。器は100均!! つくり方⇒ P.66

プリザーブドフラワーの三色団子

とても簡単なので、子どもとつくっても楽しいアイデア作品です。つくり方⇒ P.67

天辺のサクランボもカーネーション（赤色）。

ミントアイスのスタンドフラワー ★★★ 作品写真 ⇒ P.64

Data

＊花材
　カーネーション（ミント色）…100本
　カーネーション（白色）…40本
　カーネーション（赤色）…10本

＊資材
　コーンスタンド、吸水フォーム、チキンワイヤ、ワイヤ（#24）、フェルト、ワッフルペーパー、フローラルテープ

＊大きさ　180cm × 50cm × 30cm

＊制作費　D

Comment

チョコミントアイスが大好きなアイドルの生誕祭のスタンドフラワー。

How To Make

1. スタンドに吸水フォームをセットし、チキンワイヤで固定する（P.57）。

2. 下段のアイス部分を、あらかじめミントグリーンに染めたカーネーションで下から、二段目（白色）、三段目（赤色）も同様に挿す。丸くなるように挿す。

3. サクランボの枝部分はワイヤに茶色のテーピングをして挿す。チョコチップは、フェルトを切って貼る。

4. スタンドのかごにワッフルペーパーを巻きつけ、アイスクリームのコーンのように見せる。

青色のパフェをおいしく見せるのがポイント。

4つのフラワーパフェ ★☆☆ 作品写真⇒ P.65

Data

＊花材（パフェ1つ分）
　プリザーブドフラワー
　　ピンポンギク（白色）…1輪
　　バラ（各色）…1輪
　　ミニバラ（各色）…1輪
　　アジサイ（白色）…ひとつまみ
　フェイクのフルーツ…適宜

＊資材
　デザートカップ（100均のものでよい）、各色のドライ用フローラルフォーム

＊大きさ　12cm × 10cm × 10cm

＊制作費（1つ分）　A

Comment

本当のパフェのように盛りつける。4人組みのアイドルに贈られたフラワースイーツ。

How To Make

1. 市販のデザートカップに、それぞれの色のドライ用フローラルフォームをすり切りに詰める。

2. ピンポンギクをアイスクリームに見立てて貼りつける。白色と他の色の花材を組み合わせる。

3. ミニバラやフェイクのフルーツを飾りつける。すき間にアジサイを貼る。

串は花材に刺していません。見える部分だけ切って添えています。

プリザーブドフラワーの三色団子 ★☆☆
作品写真 ⇒ P.65

Data

*花材（1かご分）
　プリザーブドフラワー
　　ピンポンギク（白色）…2輪
　　ピンポンギク（緑色）…1輪
　　ピンポンギク（ピンク色）…1輪
　アーティフィシャルフラワー
　　リーフ …6枚
*資材　四角いかご、串、紙
*大きさ　7cm × 15cm × 15cm
*制作費（1かご分）　A

Comment

3人グループのアイドルに贈られたフラワースイーツ。

How To Make

1 かごに紙を敷き、リーフを敷いて貼る。

2 ピンポンギクのプリザーブドフラワーを、3色で1輪と1色で1輪のセットにして並べて貼る。

3 串を切って、ピンポンギクの頭と足に挿してあるように貼る。

顔の表情のつくり方がポイントです。

ペコちゃんのキャラスタンド ★★★
作品写真 ⇒ P.10

Data

*花材
　カーネーション（アップルティー）…150本
*資材
　スタンド、吸水フォーム、チキンワイヤ、
　市販の服、ラッピングペーパー、
　光沢紙、フラワースプレー、リボン
*大きさ　180cm × 80cm × 25cm
*制作費　D

※「ペコちゃん」は商標登録されていますので、権利者に無断で営利利用はできません。

How To Make

1 スタンドに吸水フォーム、チキンワイヤをセットする（P.57）。

2 カーネーション（アップルティー）を顔の下から挿していく。髪の毛の部分もそのまま挿す。鼻は少し丸くして高くする。

3 髪の部分以外をラップなどでマスキングし、髪を茶色のフラワースプレーで染色する。

4 赤いラッピングペーパーで髪にリボンをつける。光沢紙で目と口をつくって貼る。

5 ペコちゃん風の市販の服を、スタンドに着せる。

Chapter 07

ウエディングでも人気の花冠

花嫁をかわいく演出する花冠。
子どもの記念日にも「インスタ映え」します。

花冠はウエディングで人気のアイテムで、特にお色直しや二次会にぴったりです。

さらに最近では、アイドルの生誕祭の必須アイテムになっています。きっかけは、アイドルのファンから新しい祝い花の相談をされ、「花冠はどうですか?」と提案したことです。以来、みなさんが積極的に花冠を贈るようになりました。

アイドルたちが花冠を身につけた姿をインスタグラムやフェイスブックなどで発信するので、お気に入りのアイドルと同じ花冠をウエディングでかぶりたい、新婦にかぶらせたいと望まれる方が多くなりました。

「めぐみこ」の花冠は、アーティフィシャルフラワーで制作します。壊れにくく、軽く、給水が不要なためです。アーティフィシャルフラワーなので、式後にはリースにして、記念に飾っておくこともできます。おそろいのスティックブーケなどがあると、より映えます。

子どもの誕生会などの記念日や発表会でも記念になり、インスタ映えします。花冠で、誰もがお姫様になれます。

マイ・フェア・レディの花冠とブーケ

「マイ・フェア・レディ」にきさらちゃんをイメージ。アーティフィシャルフラワーの花冠 つくり方⇒P.70　生花のブーケ つくり方⇒P.71

モデル=きさら（P.IDL NAGOYA）

マイ・フェア・レディの花冠
★★☆ 作品写真⇒P.68

Data

＊花材
　アーティフィシャルフラワー
　　バラ（各色）…60 輪
　　アジサイ（青色）…¼箱
　　ピンポンギクミニ（各色）…16 輪

＊資材
　ロングワイヤ（♯18）、地巻ワイヤ（♯26）、
　フローラルテープ、リボン、ヘアコーム

＊大きさ　直径 56cm
＊制作費　C

Comment

P.IDL　NAGOYA のきさらさんのメンバーカラーの
緑色のリボンで制作。

How To Make

1 ロングワイヤに白色のテーピングをして芯をつくる。

2 アーティフィシャルフラワーを切り分け、1輪ずつテーピングしておく。

3 1のロングワイヤの芯に2をガーランド状につけていく。

4 頭回りのサイズ（約 56cm）になったら、円にして固定する。花冠の正面の裏側にヘアコームを地巻ワイヤでとじつける。

5 ロングワイヤの先が頭に刺さらないように、余ったワイヤはフローラルテープでしっかり巻き収める。

6 花冠の内側にレースのリボンを接着剤で貼る。リボンを何種類かまとめてツーループをつくり、地巻ワイヤでまとめ、花冠の後ろ側に留める。

いろいろな緑色の
リボンを印象的に
使っています。

> ブーケを決めてから、花冠をつくってもよいでしょう。

マイ・フェア・レディのブーケ
★☆☆　作品写真⇒ P.68

Data

＊**花材**
　　レインボーカーネーション…17本
　　スプレーバラ（水色、紫色、ピンク色）…各2本
　　カスミソウ（白色）…3本

＊**資材**　チュールレース、リボン、ラッピングペーパー

＊**大きさ**　30cm × 30cm × 30cm

＊**制作費**　C

Comment

花冠とのセット。

How To Make

1　ラウンドのブーケにする。

2　ラッピングして、花冠と同じリボンをつける。

レースを使った花冠

レースのベールにちりばめたリボンが印象的。つくり方⇒P.74

妖精のステッキブーケ

ハートを重ねた、市販のチョウとアーティフィシャルフラワーの作品。つくり方⇒P.75

天使の花冠

趣向を凝らしてかわいさいっぱいのアーティフィシャルフラワーの花冠。つくり方⇒P.75

妖精のカチューシャ

市販のチョウのついたカチューシャとアーティフィシャルフラワーで、ファンタジックでかわいくした作品。つくり方⇒P.74

> 本物のウエディングの
> ベールを使って、
> より雰囲気を出します。

レースを使った花冠 ★★☆ 作品写真⇒ P.72

Data

* **花材**
  アーティフィシャルフラワー
  　ミニバラ…10本、ラナンキュラス…5本
  　アジサイ…5本
* **資材**
  ロングワイヤ（#18）、ワイヤ（#26）、
  フローラルテープ、パール、ベール、
  レースモチーフ、
  オーガンジーのリボン（各色 1m）
* **大きさ**　直径 56cm
* **制作費**　C

Comment

アイドルの生誕祭に贈られた花冠。

How To Make

1. 芯になるロングワイヤに白いフローラルテープを巻く。

2. あらかじめ、アーティフィシャルフラワーを1輪ずつワイヤリングしておく。

3. 1に、2の花材をすき間なくガーランド状に留めていく。ところどころにレースモチーフをつけ、パールの飾りを巻きつけ、約56cmになったら円にして留める。

4. 3の後頭部側にベールをとじつけ、ベールにオーガンジーのリボンを貼りつける。

> 市販品を上手に
> 利用すると、コスト、
> クオリティーともに
> よくなります。

妖精のカチューシャ ★☆☆ 作品写真⇒ P.73

Data

* **花材**
  アーティフィシャルフラワー
  　バラ（各種）…8輪
* **資材**
  市販のカチューシャ（チョウつき）、リボン、
  ワイヤ（#24）、フローラルテープ
* **大きさ**　長さ 35cm
* **制作費**　B

Comment

アイドルの生誕祭のカチューシャとステッキブーケのセット。

How To Make

1. チョウの飾りを生かし、カチューシャにリボンを巻いてベースをつくる。

2. アーティフィシャルフラワーを1輪ずつにカットする。

3. 2を1輪ずつ、フラワーデザイン用接着剤で貼りつける。

> リボン、タッセル、デザイナーズコードなどで、ステッキ部分も飾ります。

妖精のステッキブーケ ★★★　作品写真⇒P.73

Data

＊花材
　アーティフィシャルフラワー
　　バラ（紫色）…8輪
　　ミニバラ（濃いピンク色）…10輪
　　ミニバラ（薄いピンク色）…25輪

＊資材
　市販のステッキ、
　ハート形のドライ用フローラルフォーム、
　ワイヤ（#26）、リボン、デザイナーズコード、
　タッセル、パール、おもちゃのチョウ

＊大きさ　50cm×12cm×12cm

＊制作費　D

How To Make

1. フローラルフォームを少し削って小さくする。そこにステッキを刺し接着剤で固定する。

2. ステッキにリボン、デザイナーズコードを巻いてキラキラ感を出す。ステッキの先をタッセル、パールで飾りつける。

3. アーティフィシャルフラワーをワイヤリングする。

4. 2のハート部分に、中心を紫色の花にした3を貼っていく。

5. デザイナーズコードを外周に取りつけ、おもちゃのチョウを飾りつける。

> すき間なく花を入れます。

天使の花冠 ★★☆　作品写真⇒P.73

Data

＊花材
　アーティフィシャルフラワー
　　バラ（各色）…16輪
　　ミニラナンキュラス（各色）…10輪
　　ミニアジサイ（白色）…適宜

＊資材
　ロングワイヤ（#18）、ワイヤ（#26）、
　フローラルテープ（白色）、レース、
　リボン、パール、ヘアコーム

＊大きさ　直径56cm

＊制作費　C

Comment

「天使」と呼ばれるアイドルに贈られた花冠。

How To Make

1. ロングワイヤに白いフローラルテープを巻く。アーティフィシャルフラワーをワイヤリングする。

2. 色合いを考えながら、1に花材をガーランド状に留めていく。ところどころにレースやリボンを入れて貼る。

3. 56cmになったら、円にして留める。正面の裏側にワイヤでヘアコームつけ、裏側全体にリボンを貼り、フローラルテープで留める。

4. 全体にパールを巻きつけ、花冠の後ろ側にリボンをつけて完成。

すみれ色の花冠

パープルの素材を集めて、大人っぽい雰囲気にしたアーティフィシャルフラワーの花冠。
つくり方⇒ P.79

サクラのお姫様の花冠

シダレザクラのアーティフィシャルフラワーをばらしてつなげています。つくり方⇒ P.78

人気のピンクの花冠

ピンクで統一した花冠は女の子が大好き。一番人気の作品です。つくり方⇒ P.79

アシンメトリーな花冠

アンバランスな構成で、19歳の女の子を花で表現した、アーティフィシャルフラワーの花冠。つくり方⇒ P.93

アーティフィシャルフラワーのリースブーケ

19歳の女の子をアシンメトリーで表現した、花冠とセットの作品。つくり方⇒ P.94

> シダレザクラの感じがでるように、ガーランドを長くしています。

サクラのお姫様の花冠

★★☆　作品写真⇒ P.76

Data

＊花材
　アーティフィシャルフラワー
　シダレザクラ…5本

＊資材
　ワイヤ（♯26）、フローラルテープ、
　チュールレース、ヘアコーム

＊大きさ　直径56cm

＊制作費　C

Comment

アイドルの生誕祭に贈られた花冠。ガーランドとは、花や葉を輪状（ひも状）にした装飾品。

How To Make

1 シダレザクラの枝を切り分け、長めのガーランドにしてつないでいく。

2 1が頭の大きさ（約56cm）になったらフローラルテープで留め、花を外側にむけてフローラルテープで巻きつける。

3 花冠の後ろ側にチュールレースをとじつけ、チュールレースに合わせてシダレザクラを長く垂らす。

4 チュールレースにサクラの花びらを散らして貼りつける。正面裏側にヘアコームをワイヤでつけて完成。

> すみれ色の花で
> まとめた花冠です。

すみれ色の花冠 ★★☆ 作品写真⇒P.76

Data

＊花材
　アーティフィシャルフラワー
　　ミニバラ（各色）…8束
　　スミレ（紫色）…2束
　　ビバーナムガーランド（紫色）…2本
　　アジサイ（紫色）…4本

＊資材
　ロングワイヤ（#18）、ワイヤ（#26)、
　フローラルテープ（白色）、ベール、ヘアコーム、
　リボン、パール

＊大きさ　直径56cm

＊制作費　C

Comment

アイドルの卒業コンサートに贈られた花冠。

How To Make

1. ロングワイヤに白色のフローラルテープを巻く。アーティフィシャルフラワーをワイヤリングする。

2. すみれ色の花をバランスよく配置しながら、1に花材をガーランド状につなげていく。

3. 頭の大きさ（約56cm）になったら、円にして留める。正面にヘアコームをつける。裏側全体にレースのリボンを貼って装飾する。

4. 全体にパールを巻きつけ、花冠の後ろ側に花材とグリーンを垂らす。ベールをつけて完成。

> 内側が見えてもよいように、
> レースを貼り、
> 処理をきれいにします。

人気のピンクの花冠 ★★☆ 作品写真⇒P.76

Data

＊花材
　アーティフィシャルフラワー
　　バラ（各色）…8束
　　ラナンキュラス（各色）…3本
　　アジサイ（白色）…4本

＊資材
　ロングワイヤ（#18）、ワイヤ（#26）、
　フローラルテープ（白色）、パール、
　ベール、レース、リボン、ヘアコーム

＊大きさ　直径56cm

＊制作費　C

How To Make

1. ロングワイヤに白色のフローラルテープを巻く。アーティフィシャルフラワーをワイヤリングする。

2. 色合いを考えながら、1に花材をガーランド状につけていく。ところどころにパールの飾りやリボンを入れ貼りつける。

3. 頭の大きさ（約56cm）で円にしてフローラルテープで留める。正面の裏側にワイヤでヘアコームをつけ、裏側全体にリボンを貼る。

4. 花冠の後ろ側にベール、リボンをつけ、ベールにパールの飾りを貼って完成。

How To Make
キャラフラワー④

むずかしいテクニックは必要ありません。
花の取り合わせが大切です。

難易度 ★★☆

アーティフィシャルフラワーでつくる花冠

好きな花、好きな色で、いろいろなアレンジが楽しめる花冠。アーティフィシャルフラワーなので一生ものです。大切な友人の結婚式に贈ってもよろばれるでしょう

＊大きさ 直径 55cm
＊制作費 C

＊花材
　アーティフィシャルフラワー
　　アジサイ　（水色）16本、
　　　（青色）10本、（紫色）19本
　　バラ（白色）15本、（青色）6本

＊資材
①チュールレース、②オーガンジーのリボン、③花材をばらして10cm程度にしておく、④レースのリボン、⑤ロングワイヤ（♯18）、⑥ワイヤ（♯26）、⑦ヘアコーム、⑧フローラルテープ

花の配置を決める

1 ロングワイヤ（#18）にフローラルテープを巻く。

2 これからつくる花冠をイメージし、ロングワイヤの長さに合わせて花をバランスよく配置する。

> 1輪の花は端のほうに、花冠の正面で見せたい花をワイヤの真ん中に置きます。

花をワイヤに固定する

1 ロングワイヤの端に、1輪の小さめの花をフローラルテープで巻いて固定する。

2 同じ色が続かないようにバランスを見ながら、次の花をフローラルテープで巻く。

3 大きめの花をバランスよく配置する。

4 花と花の間にすき間ができないように注意する。

5 花が180度の扇形に広がるように、テープで固定していく。

6 フローラルテープは指で切りながら作業すると効率的！

7 ロングワイヤの1/3程度まで進んだら、そこが花冠の正面の位置になるので丁寧に。

8 きれいな色の花を入れるなど見た目を意識！

9 横から見てもきれいになるように、扇形に広がるように花を固定する。

立体的に広がった花冠のベースが完成！

10 左右の側面に花を固定してから、真ん中に花を入れるとまとまりやすい！

11 ロングワイヤの55～56cmまで花を入れ、全体を見てすき間があったら、細く小さめの花を入れるのがポイント。

花冠を仕上げる

1 頭のサイズに合わせて、長さを調整。10cmほど残して余分なワイヤをカットする。

2 ワイヤとワイヤを重ねて、2～3ヵ所をフローラルテープで固定する。

3 ワイヤの先が頭に当たらないようにしっかりテーピングして仕上げる。

4 ヘアコームの真ん中にワイヤを通す。

5 花冠の正面にヘアコームをつける。

ワイヤが頭に当たらないように注意！

6 ワイヤを花冠に巻き付けて、ヘアコームをしっかり固定する。

7 花冠の内側にフラワーデザイン用接着剤をつける。

8 内側にレースのリボンを貼る。

花冠を置いたとき、中にレースが見えるとかわいい！さりげなく見えるところにもこだわりを。

9 制作中に落ちてしまった花に接着剤をつけ、花が少なめなところに貼っていく。

レースがちら見えする、アジサイとバラの花冠に！

チュールレースとリボンで飾りつけ

1 250cmのチュールレースを用意する。

2 輪を2つ作って、リボンの形に束ねる。レースが肩甲骨にかかるくらい長くなるときれい。

3 リボンの真ん中にワイヤをかけ、ワイヤをねじって留める。

花冠の上に、リボンがふわっとのるように固定するとかわいい。

4 コームをつけた反対側の位置に、チュールレースを固定する。

5 オーガンジーのリボンを、チュールレースのリボンの結び目に重ねて結ぶ。

6 オーガンジーのリボンを蝶結びにする。

リボンの長さのバランスを整えたら完成！

※ワイヤの先などが頭に当たる部分がないか、手で丁寧に触って確認し、処理する。

> ステージ衣装に似た布をスタンドに装飾。

カッパのキャラスタンド Ⅰ ★★☆ 作品写真⇒ P.11

Data

＊花材
　カーネーション（ピンク色）…100 本
　カーネーション（薄クリーム色）…40 本
　レモンリーフ…20 枚
　アーティフィシャルフラワー
　　カーネーション（青色）…3 輪

＊資材
　スタンド、吸水フォーム、チキンワイヤ、
　厚紙、紙、フェイクのキュウリ、布
＊大きさ　180cm × 80cm × 25cm
＊制作費　D

Comment

キュウリが好物のアイドルの生誕祭のスタンドフラワー。カッパシリーズとして毎年つくり、顔の色と衣装を替えていた。

How To Make

1 スタンドに吸水フォーム、チキンワイヤをセットする（P.57）。

2 ピンク色のカーネーションで顔を、薄クリーム色のカーネーションで頭をつくる。

3 レモンリーフを挿し込み、カッパの頭のつばのような部分をつくる。黒いクラフト紙で目、厚紙でくちばしをつくって貼りつける。

4 スタンドに布を衣装風に装飾。アーティフィシャルフラワーでつくった髪飾りを頭につけ、フェイクのキュウリの十手を帯に。

> カッパっぽく緑の衣装に。

カッパのキャラスタンド Ⅱ ★★☆ 作品写真⇒ P.13

Data

＊花材
　カーネーション（緑色）…100 本
　カーネーション（薄クリーム色）…40 本
　レモンリーフ…20 枚

＊資材
　スタンド、吸水フォーム、チキンワイヤ、
　厚紙、紙、サテン生地
＊大きさ　180cm × 50cm × 25cm
＊制作費　D

Comment

キュウリの好きなアイドルに、ファンがしゃれで贈ったのが始まり。

How To Make

1 スタンドに吸水フォーム、チキンワイヤをセットする（P.57）。

2 緑色のカーネーションで顔を、薄クリーム色のカーネーションで皿をつくり、レモンリーフを挿して頭のつばのような部分をつくる。

3 黒い紙で目、厚紙でくちばしをつくって貼る。

4 サテン生地をスタンドに巻く。

バルーンを上手に使うと雰囲気UP！

ストロベリーのペアキャラスタンド ★★☆ 作品写真 ⇒ P.12

Data

* **花材**
  ダリア（ピンク色）…3本
  スプレーバラ（赤色）…10本
  スプレーバラ（ピンク色）…10本
  カスミソウ（白色）…5本

* **資材**
  スタンド、吸水フォーム、チキンワイヤ、市販のイチゴのバルーン、布、リボン、パニエ、イチゴのシール、小物（フェイクのバナナ、プラスチックのバット）

* **大きさ**　190cm × 70cm × 25cm
* **制作費**（1体）C

Comment

2人組のアイドルに贈られた作品。

How To Make

1. スタンドに吸水フォーム、チキンワイヤをセットし（P.57）、手作りの衣装、パニエをスタンドに着せる。

2. 市販のイチゴのバルーンを顔の位置に挿す。

3. 2の周りにストロベリーカラーの花、あしらいの花を挿す。

4. 小物を取りつけて完成。2基でペアのスタンドフラワー。

天使の輪がポイントです。

天使のキャラスタンド ★★☆ 作品写真 ⇒ P.11

Data

* **花材**
  カーネーション（薄オレンジ色）…80本
  カーネーション（薄クリーム色）…30本
  アーティフィシャルフラワー
  　ピンポンギク（白色）…12個

* **資材**
  スタンド、吸水フォーム、チキンワイヤ、紙、市販の羽、ワイヤ（#24）、リボン、小物（本）、チュールレース、棒

* **大きさ**　190cm × 100cm × 25cm
* **制作費**　D

Comment

イベントのお祝いの花。贈られたアイドルは、毎日このスタンドフラワーに挨拶して楽屋入り。

How To Make

1. スタンドに吸水フォーム、チキンワイヤをセットする（P.57）。

2. 薄オレンジ色のカーネーションで顔をつくり、薄クリーム色のカーネーションで髪の毛の部分を挿す。目、口は紙を切って貼る。

3. 天使の輪は、アーティフィシャルフラワーで小さなリースをつくり、棒で支える。

4. チュールレースを巻いて天使の衣装とし、市販の羽を後ろ側からワイヤで固定する。

5. リボン、小物をつけて完成。

グループ名と女の子が髪の毛の73分けのしゃれです。

７３分けの女の子のキャラスタンド ★★★ 作品写真⇒P.13

Data

＊花材
カーネーション（淡いオレンジ色）
…150本

＊資材
スタンド、吸水フォーム、チキンワイヤ、Tシャツ、パニエ、厚紙、紙、カラースプレー

＊大きさ 170cm × 60cm × 25cm

＊制作費 D

Comment

若い男の子たちが「７☆３」というアイドルを応援し、制作したもの。

How To Make

1. スタンドに吸水フォーム、チキンワイヤをセットする（P.57）。

2. スタンドに、手づくりのTシャツを着せ、パニエをはかせる。

3. 淡いオレンジ色のカーネーションで頭の部分まで挿す。

4. 髪の毛に染める部分以外をラップなどでマスキングし、カラースプレーで黒く染色する。乾いたらラップをはがす。

5. パネルで目隠しし、紙で口をつくって貼る。

簡単なのにかわいい。

パンダのキャラフラワー ★☆☆ 作品写真⇒P.33

Data

＊花材
プリザーブドフラワー
　カーネーション（白色）…5輪
　アジサイ（緑色）…¼箱

＊資材
かご、ドライ用フローラルフォーム、和紙、セロファン、ワイヤ、リボン、紙、カラースプレー

＊大きさ 10cm × 10cm × 5cm

＊制作費 A

Comment

パンダが好きなアイドルに贈られた作品。

How To Make

1. かごに和紙、セロファンを敷きドライ用フローラルフォームをセットする。

2. 花材をワイヤリングする。そのうち、カーネーション1輪を¼にして4本にしたものをつくり、カラースプレーで黒色に染色する。

3. 白色のカーネーションで胴体と顔を挿し、黒く染色したカーネーションで耳と脚を挿す。

4. 目と鼻を黒い紙でつくって貼り、首に赤いリボンをつける。パンダの周りをアジサイで囲んでフローラルフォームを隠す。

> 衣装とピンヒールを
> カスミソウで
> つなげています。

144本の赤いバラのコスプレスタンド ★★☆ 作品写真 ⇒ P.14

Data

＊花材
　バラ（赤色）…144本
　カスミソウ（白色）…10本

＊資材
　二段のスタンド（120cm）、吸水フォーム、
　チキンワイヤ、パニエ、ピンヒール、
　エアパッキン

＊大きさ　190cm × 85cm × 40cm

＊制作費　E

Comment

アイドルの生誕祭の花。144本のバラは、
「生まれ変わっても君を愛す」という意味。

How To Make

1. 二段のスタンドに吸水フォームをセットしチキンワイヤをかける（P.57）。手づくりの衣装、パニエを着せる。パニエの中にエアパッキンを入れ、スカートにふくらみをもたせる。

2. 上段は衣装のイメージに合わせ、バラを華やかにファン状に挿す。

3. 下段は衣装とピンヒールをつなぐカスミソウを挿し、挿し終わったらピンヒールを足元に置く。

> 上の段と下の段で
> うまくつながるように、
> 花を挿します。

青のコスプレスタンド ★★★ 作品写真⇒ P.15

Data

＊花材
　カーネーション（白色）…250本

＊資材
　二段のスタンド（90cm）、吸水フォーム、
　チキンワイヤ、リボン、ボタン

＊大きさ　120cm × 50cm × 25cm

＊制作費　E

Comment

卒業するアイドルの握手会の花。作品を
三方見（180度）にするか、四方見（360
度）にするかは、使える花の量による。

How To Make

1. スタンドの上下二段に吸水フォームをセットし、チキンワイヤをかける（P.57）。

2. カーネーション200本を青色に染める。

3. スカートの下の部分から挿し、模様とスカートのふくらみに気をつけウエスト部分まで挿す。

4. ウエスト部分まで挿し終わったら、衣装の上部を上の段の吸水フォームに挿す。衣装の上部は襟元、袖口に注意して挿す。

5. 挿し終わったら、花がつぶれない程度にリボンのベルトを締めるように巻き、ボタン、リボンなどを貼って衣装らしさを出す。

> 袖の花はパネルに貼っただけです。枯れやすく、長くは持ちません。

赤と青のコスプレスタンド

★★★　作品写真⇒P.15

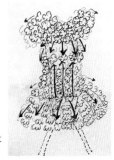

花を挿す方向に注意する。

Data

＊花材
　カーネーション（白色）… 270 本

＊資材
　二段のスタンド（90cm）、吸水フォーム、チキンワイヤ、リボン、パネル用のボード、ボタン

＊大きさ　120cm × 50cm × 25cm

＊制作費　E

Comment

アイドルの衣装を花でつくり、スタンドにした作品。

How To Make

1 低いスタンドの上下二段に吸水フォームをセットし、チキンワイヤをかける（P.57）。

2 衣装の色に合わせて花を染める。

3 スカートの下の部分から挿し、模様とスカートのふくらみに気をつけウエスト部分まで挿す。

4 ウエスト部分まで挿し終わったら、衣装の上部を上の段の吸水フォームに挿す。この時、ウエスト部分は下げて挿した花と上に向かって挿す花がうまくつながるようにする。衣装の上部は襟元、袖口に注意して挿す。

5 袖の部分は、袖の形に切ったパネル用のボードにカーネーションの頭を虫ピンで挿してつくる。挿し終わったら胴体につながるように固定する。

6 花がつぶれない程度にリボンでつくったベルトを巻き、ボタンなどをつける。

ロマンチックなコスプレスタンド ★★★

作品写真 ⇒ P.15

花を衣装により近い色に染色しています。

Data

*花材
　カーネーション（白色）…70本
　カーネーション（ムーンダスト）…20本
　バラ（青色）…10本
　スプレーバラ（白色）…6本
　トルコギキョウ（濃紫色）…6本
　ガーベラ（多色）…20本
　カスミソウ（白色）…10本

*資材
　二段のスタンド（90cm）、吸水フォーム、
　チキンワイヤ、チェーン（30㎝×3本）、
　チェーン（ラインストーン）1m、バックル、
　布、おけ

*大きさ　125cm × 60cm × 25cm

*制作費　E

Comment

再現性を重視するなら、小物は同じものか似たものを探す。半袖にしたほうがつくりやすい。スタンドは低いものを使うとよい。

How To Make

1 二段のスタンドに吸水フォームをセットし、チキンワイヤをかける（P.57）。

2 衣装の柄に合わせて、スカートの下から花を挿していく。下の段の花を上の段の桶にかぶせるように挿す。上の段からは下向きにおけを隠すように挿す。

3 花を挿し終えたら、布をかけベルトなどをつけて、衣装のイメージに近づける。

200輪のコチョウランのコスプレスタンド ★★★

作品写真 ⇒ P.16

グラスチューブを使って、1輪ずつ挿しています。

Data

*花材
　コチョウラン…200輪

*資材
　グラスチューブ、ワイヤ（♯24）、
　チュールレース生地、オーガンジー生地、
　リボン、旗ざおと土台2組

*大きさ　220cm × 200cm × 60cm

*制作費　E

Comment

アイドルのCDジャケット写真のドレスを再現。

How To Make

1 のぼりを立てる旗ざおを左右に立てて、チュールレース生地とオーガンジー生地をドレスのように装着する。

2 生地にグラスチューブをワイヤで1つずつとめ、それにコチョウランを1輪ずつ挿す。上部にリボンを飾って完成。

小さめのバルーン（13cm）が、泡に見えるような演出です。

マーメイドのコスプレスタンド ★★☆

作品写真 ⇒ P.16

Data

*花材
　デルフィニウム（グランブルー）…10本
　デルフィニウム（ライトブルー）…10本
　トルコギキョウ（グリーン）…10本
　ガーベラ（水色）…10本
　スプレーバラ（水色）…10本
　カスミソウ（白色）…5本
　アレカヤシ…5本

*資材
　スタンド（90cm）、吸水フォーム、
　チキンワイヤ、ラメの入った布、
　バルーン、貝殻

*大きさ　200cm × 65cm × 45cm

*制作費　D

Comment

花の中央には、しゃれで貝殻が2枚。アイドルの誕生祭に贈られた作品。

How To Make

1 スタンドに吸水フォームをセットしチキンワイヤをかける。

2 アレカヤシを背景に、ファン形に青色系の花をバランスよく挿し、花の間からバルーンを泡のように浮かばせる。

3 スタンドにラメの入った布を巻きつける。

花を挿す前に衣装をセットしたほうが楽ですが、汚さないように注意。

紫のバラのコスプレスタンド ★★☆

作品写真 ⇒ P.17

Data

*花材
　ユリ カサブランカ（白色）…7本
　トルコギキョウ（薄紫色）…10本
　トルコギキョウ（青色）…10本
　スプレーバラ（ピンク色）…5本
　バラ（紫と白のダブルトーン）…20本
　バラ（紫色）…20本
　バラ（白色）…20本
　カスミソウ…10本

*資材
　スタンド（90cm）、吸水フォーム、
　チキンワイヤ、布、リボン、レース

*大きさ　180cm × 90cm × 50cm

*制作費　E

Comment

アイドルの卒業曲をイメージした作品。紫色と白色のバラは特注の輸入品。

How To Make

1 スタンドに吸水フォームをセットし、チキンワイヤをかける（P.57）。

2 手づくりの衣装をスタンドに着せ、レースのリボンを染めて切ったものを衣装に貼り、スカートの下にエアパッキンを入れ、ふくらみをもたせる。

3 衣装の配色に合わせて花を挿す。

> 耳の部分はワイヤリングせず、挿してあるだけです。

M字のにゃんこ ★★★　作品写真⇒ P.06

Data

＊花材
　カーネーション（白色）…100 本
　カーネーション（茶色）…100 本
　アイスプラント…適宜

＊資材
　かご、吸水フォーム、セロファン、ラッピングペーパー、ぬいぐるみ用の目、地巻ワイヤ（♯24）、アクリルペイント

＊大きさ　40cm × 25cm × 30cm

＊制作費　E

Comment

アイドルの飼っているネコをキャラフラワーにした。

How To Make

1. かごにラッピングペーパー、セロファン、吸水フォームをセットする。吸水フォームを頭と胴体（20cm×10cm×10cm）、背中とお尻（10cm×10cm×10cm）にカットして組み合わせ、かごの中心に芯をつくって固定する。

2. カーネーション（白色）と（茶色）を立体に挿す。

3. ぬいぐるみ用の目、鼻、口、地巻ワイヤのひげをつけ、アイスプラントを周りにあしらう。

4. 額のMの字のような部分をアクリルペイントを薄めて筆で描く。

> きれいなハートの形にするには、経験が必要です。

メロン色のハートのスタンドフラワー ★★★　作品写真⇒ P.52

Data

＊花材
　カーネーション（メロン色）…75 本
　スプレーバラ（各色）…20 本
　トルコギキョウ（メロン色）…5本
　レザーリーフファン…2枚

＊資材
　スタンド、吸水フォーム、チキンワイヤ、ワイヤ、チュールレース生地、リボン

＊大きさ　180cm × 50cm × 30cm

＊制作費　D

Comment

アイドルの生誕祭のスタンドフラワー。

How To Make

1. スタンドに吸水フォームをセットし、チキンワイヤをかける（P.57）。

2. メロン色のカーネーションを主役に、他の花を適宜混ぜながら、下からハートの形に挿していく。ハートの先端を小さい花にし、中心から上部は大きく開いた花にすると、ハートの形がつくりやすい。レザーリーフファンでスタンドなどを隠す。

3. チュールレース生地で大きなリボンをつくり、スタンドの下側にワイヤで留めつけ、さらに赤いリボンを結ぶ。

「ハート先をへこまして輪郭をゆるやかにすると、リンゴになります。」

赤いリンゴのスタンドフラワー ★★★ 作品写真 ⇒ P.53

Data

*花材
　カーネーション（赤色）…125本
　カスミソウ（白色）…1本

*資材
　スタンド、吸水フォーム、チキンワイヤ、
　木の棒、紙、フローラルテープ、
　チュールレース生地

*大きさ　180cm × 60cm × 30cm

*制作費　D

Comment

リンゴが好きなアイドルの生誕祭の花。

How To Make

1. スタンドに吸水フォームをセットし、チキンワイヤをかける（P.57）。

2. 赤いカーネーションをハートの作品と同じように挿すが、ハートの細くなっているところを、リンゴのように、割れた感じにする。全体的にハートよりも丸くつくる。

3. 花茎は棒に茶色のテーピングをし、葉は紙でつくって棒に貼りつけ、実の中心に挿す。

4. カスミソウを配し、チュールレース生地でピンク色の大きなリボンをつけて完成。

「意図的にバランスを崩して、きれいなリースにしないようにします。」

アシンメトリーな花冠 ★★☆ 作品写真⇒ P.77

Data

*花材
　アーティフィシャルフラワー
　　大輪バラ3輪、ミニバラ（各色）25輪、
　　アジサイ（各色）2本、ラナンキュラス（各色）5輪
　　小花（各色）10輪

*資材
　ロングワイヤ（♯18）、ワイヤ（♯24）、
　フローラルテープ、デザイナーズコード、リボン、
　アンティークレース、ヘアコーム

*大きさ　直径56cm

*制作費　C

Comment

アイドルの生誕祭に贈られた花冠。花のある部分とない部分で、アシンメトリー感を。

How To Make

1. ロングワイヤにフローラルテープを巻く。アーティフィシャルフラワーをワイヤリングする。

2. 1の芯に花材をつけていく。アンバランスに大きな花をつけ、花のない部分にリボン、デザイナーズコードを巻きつける。

3. 56cmまで花をつけたら頭の大きさで円にしてフローラルテープで留め、ワイヤでヘアコームをつける。

4. 花冠の後ろ部分に花が垂れるようにして、2〜3種類のアンティークレースをリボン状に結ぶ。

93

> 持ち手に大きな
> バラをつけ、
> アンバランスな感じを
> 強調しています。

アーティフィシャルフラワーのリースブーケ

★★☆　作品写真⇒ P.77

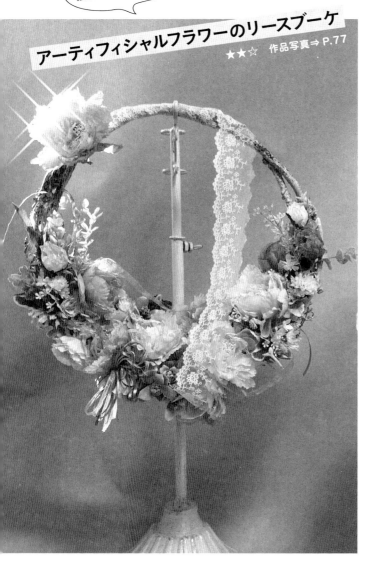

Data

＊花材
　アーティフィシャルフラワー 各種
　（枝、シャクヤク、バラ、ブルースター、
　アジサイ、ラナンキュラスなど）…適宜
＊資材
　ワイヤ（♯24）、レース（上質なもの）、
　オーガンジーのリボン（細いもの）
＊大きさ　直径30cm
＊制作費　C

Comment

アイドルに贈られた花冠とセットのブーケ。
ドアリースにもなる花冠。

How To Make

1 アーティフィシャルフラワーの枝を直径23 cmぐらいに丸く輪にして、ワイヤで数ヵ所留める。アーティフィシャルフラワーの花を1輪ずつワイヤリングする。

2 1の輪の数ヵ所に、大きい花を固定する。アシンメトリーにするが、中心にはポイントになる花を持ってくる。

3 両サイドに行くに従い花材を小さくし、三日月形になるようにバランスを調整しながら留める。

4 レースをハンドル部分に巻きつけ、最後は自然に下に垂らしておく。

5 オーガンジーのリボンを花の間に絡めて表情を出す。

6 アンバランスさを出すために、左の持ち手の部分に大きい花をワンポイントとして留める。

キャラフラワーを贈るには

花店でキャラフラワーを依頼して贈りたい方に、「めぐみこ」の例をご紹介します。キャラフラワーに限らず、花の作品を注文する際は、事前に、①何を贈りたいのか、②結婚式や開店祝いなど贈る目的、③性別や年齢、好みなど贈る相手の情報、④作品、送料などの予算、⑤納品日、⑥使って欲しい花や贈る相手の好きな色、などを伝えます。

1 ― 注文依頼のメールや電話
2 ― 打ち合わせの予定を決める
3 ― 第1回の打ち合わせ、もしくはメールでやりとりをする
4 ― 1回の打ち合わせは1時間程度で、
　　ほとんどの場合、2回目の打ち合わせで決定する
　　ただし、場合によっては、3回目やメールでやりとりすることもある
5 ― 参考資料を集める（キャラクターの写真、イラスト、ぬいぐるみなど）
6 ― 花でつくれるかどうか、イメージスケッチを描いてみる
7 ― どうしても花でできない部分は、試行錯誤して工夫する
8 ― 考え抜いた過程に沿って制作
9 ― 完成

「めぐみこ」の作品制作のポイント

● クライアントがどんな花が欲しいのか、話を聞いて見極める

● 贈る相手がアイドルやタレントのの場合、その方のSNSやホームページをさかのぼってチェックし、嗜好を知り、配色や内容に生かす

● 贈る人と贈られる人が、共に喜んでくれる花を、予算も含めて徹底的に考える

あとがき

　キャラフラワーは芸術作品ではないので、制作時間や予算に限りがあります。それでも、試行錯誤を重ねながらつくることで、少しずつ完成度が高くなりました。満足のいくキャラフラワーになることはまだ少ないですが、他にはない作品をたくさんつくらせていただきました。

　これもひとえに、「めぐみこ」を信頼して注文してくれるアイドルやタレントのファンの方々、作品を面白がってくれるアイドルやタレントのみなさま、そして、いつも大変な花の仕事を支えてくれるスタッフのおかげです。この場を借りて感謝申し上げます。

　また、本書の製作にあたり、ご協力をいただいた方々、モデルになっていただいたきさらちゃん、カメラマンのみなさん、ありがとうございました。

　花には不思議な魅力があります。本書により、花を贈る、花を使う、花を楽しむ文化が、少しでも広まってくれることを願っております。花を通してみんなが笑顔になりますように……。

2019年1月
山本 恵

[著者紹介]
山本 恵　Megumi Yamamoto

花ギャラリー めぐみこ 代表取締役、
NFD 講師、1級フラワー装飾技能士

愛知県出身。OLとして会社勤めの後、花店に10年勤務。2001年に独立し、名古屋市の矢場町に和風モダンな花屋「花ギャラリー めぐみこ」をオープン。
いつしかSKE48を中心に、アイドルやタレントに贈るさまざまなキャラフラワーを手掛けるようになり、「アイドルの花なら『めぐみこ』」といわれるほどの人気店に。
今では、全国のアイドルから「めぐみこ」の花が欲しいと「逆指名」され、週末は朝から夜まで打ち合わせの予約がびっしり入り、もらって喜ばれるオンリーワンのキャラフラワーを日々制作している。
全国の花店からも、キャラフラワーのつくり方や研修の問い合わせが絶えない。

花ギャラリー めぐみこ
愛知県名古屋市中区栄 3-27-33
ロータリーマンション 1F
Tel：052-242-4187　Fax：052-269-4888
https://www.megumiko.com

制作協力　めぐみこスタッフ
写真提供　めぐみこ
写真撮影　杉山和行（講談社写真部）、深澤慎平
編集協力　田中瑠子、坂上俊彦（東京フォトアーガス）
デザイン　矢作裕佳（Sola Design）

もらってうれしい
キャラフラワー

2019年2月19日　第1刷発行

著　者　山本 恵
発行者　渡瀬昌彦
発行所　株式会社 講談社
　　　　〒112-8001　東京都文京区音羽 2-12-21
　　　　（販売）03-5395-3606
　　　　（業務）03-5395-3615

編　集　株式会社講談社エディトリアル
　　　　代表　堺 公江
　　　　〒112-0013　東京都文京区音羽 1-17-18
　　　　護国寺 SIA ビル 6F
　　　　（編集部）03-5319-2171

印刷所　凸版印刷株式会社
製本所　大口製本印刷株式会社

定価はカバーに表示してあります。
本書のコピー、スキャン、デジタル化等の無断複製は、著作権法上の例外を除き禁じられています。
本書を代行業者等の第三者に依頼してスキャンやデジタル化することは、たとえ個人や家庭内の利用でも著作権法違反です。
落丁本・乱丁本は購入書店名を明記のうえ、講談社業務あてにお送りください。
送料は講談社負担にてお取り替えいたします。
なお、この本の内容についてのお問い合わせは、講談社エディトリアルあてにお願いいたします。

N.D.C.627.9　95 p　19cm
©Megumi Yamamoto, 2019 Printed in Japan
ISBN978-4-06-514678-1